销售中的大脑博弈

——如何让客户接受你的产品

朱泓霏　著

中国原子能出版社

图书在版编目（CIP）数据

销售中的大脑博弈：如何让客户接受你的产品 / 朱泓霏著. -- 北京：中国原子能出版社，2020.8（2021.9重印）
ISBN 978-7-5221-0717-2

Ⅰ. ①销… Ⅱ. ①朱… Ⅲ. ①销售－商业心理学 Ⅳ. ① F713.55

中国版本图书馆 CIP 数据核字（2020）第 134710 号

销售中的大脑博弈

出版发行	中国原子能出版社（北京市海淀区阜成路 43 号　　100048）
责任编辑	左浚茹
装帧设计	胡椒设计
责任印制	潘玉玲
印　　刷	三河市南阳印刷有限公司
经　　销	全国新华书店
开　　本	787mm×1092 mm　1/16
印　　张	15
字　　数	192 千字
版　　次	2020 年 8 月第 1 版　　2021 年 9 月第 2 次印刷
书　　号	ISBN 978-7-5221-0717-2　　定　价　66.00 元

网址：http://www.aep.com.cn　　　　E-mail：atomep123@126.com

前 言
ANTIFRAGILE

客户产生购买动机的秘密

1945 年，英国学者 E.K. 斯特朗在其所著的《利益销售》一书中指出，销售人员访问客户的流程不外乎几个阶段：接近客户，向客户询问，发现客户需求，进行销售宣传，以及消除客户的异议。此后的半个多世纪中，几乎所有的销售类图书及培训课程均难以脱离将销售过程分割成这几个步骤来训练的框架。这种传统销售模式也一直是许多销售人员接受培训时的必修课，并在销售活动中广泛运用。

在这种模式下，大多数人认为，销售过程是基于左脑的理性判断过程。然而，每个销售人员都明白，即使严格按照这个流程去做，销售的成功率仍然不太高。为什么有的人会成功，有的人却失败了呢？是因为价格因素，还是其他某些不为自己所知的原因呢？

美国著名销售学培训专家、"全脑销售"模式的创始人理查德·以色列认为，决定销售成功还是失败，主要取决于大脑的思维，销售活动实际上是销售人员与客户之间大脑的沟通。

这一点不难理解。在营销过程中，客户与销售人员的大脑运作过程一般是先接受信息，再将其进行分类，然后入库存储；如果信息不够充分，就要进行相应的补充，然后在客户和销售人员之间开始进行交流。在购买整个过程中，要占据客户大脑，必须利用感性驱动，利用情感利益来加强沟通，利用感性来影响和激发购买。因为在营销环节，最难的是洞察客户的具体情况，只有了解客户的真正需求，才能制定相应的营销对策。销售的过程其实就是左右脑博弈的过程。

理查德·以色列结合大脑研究、心理学、神经生理学、传播学、大众科学等众多学科的研究成果，创立了"全脑销售"模式。这种销售模式将重点放在对客户情感需求的分析、判断与销售上，对传统的客户销售模式进行了修正。他认为，人的情感需求主要受其左右脑活动的控制并反映出来。因此，所有的销售行为应该是左脑与右脑相结合的"全脑销售"过程。

我们知道，人的大脑分为左脑与右脑：左脑主掌理性分析，储存着数字、词语、逻辑、细节等理性资讯；而右脑则是感性的中枢，储存着图像、想象、色彩、节奏等感性材料。国外研究者也发现，一个人在回答问题时，若眼球往左转，说明其说的是真话；如果眼球往右转，则说明他在编造"故事"、说谎话。大脑销售策略的学术说法是 LPRS（Left Brain Planning, Right Brain Selling），即左脑计划、右脑销售。

全脑销售打破了传统的销售流程，针对客户大脑思维活动进行营销。对于销售人员来说，分析客户的大脑如何接受、储存和发送资讯，成了销售成功与否的关键。如果我们与客户沟通谈判时，能够很好地运用左右脑的特性，借鉴"左右脑博弈"，则销售成功率会更高。

本书真正切合了销售的真谛，将告诉你销售的真相。它运用实战案例的形式，详细地讲述了左右脑博弈的基本理论及如何运用左右脑博弈的技巧提升销售员的销售技能，旨在运用左右脑博弈的理论，帮助销售员处理销售中遇到的一些关键问题，切实从实战的角度，帮助销售员将本书中的销售技能真正运用到实际工作中去，提高销售业绩。

在本书呈现的众多案例中，赢家无不是深谙大脑销售博弈的高手。通过对这些实战销售案例的精彩解读，以独有的特色为大家呈现了全面的大脑销售策略：

第一，现场感强。每个案例都是经过精挑细选的精彩的实战案例，这种精彩不仅体现在案例中人物的对白上，更体现在对话中所蕴含的灵感和智慧上。

第二，实用性强。把左右脑销售策略的理论运用到每个案例中，为读者详细解读各种销售技能。

第三，指导性和启发性强。本书是一本帮助销售员快速提高销售技能、改善销售业绩的高效工具。书中的每一个案例都有可能启发读者，从而为读者的工作注入灵感。

第四，行文简练，要点清晰。在阅读时，读者可以一目了然，轻松掌握左右脑销售之道。

第五，可读性强。在本书中，没有烦琐复杂的销售理论，没有生硬刻板的商业教条，相信每一个营销员都能从这些精彩、深刻的案例中，快速感悟左右脑销售的智慧，领略左右脑销售博弈的魅力。

作为一名销售员，当你把左右脑销售的理念、技能彻底融入你的销售过程时，就会彻底改变销售思维，拥有销售高手的智慧，自如应对客户的任何异议，顺利到达销售的顶峰。

朱泓霏

2020 年 5 月

目 录
CONTENTS

第3章　大脑拒绝不了的"情感共鸣"

第6章　满足欲望：征服客户用不着死缠滥打

第7章　找到不寻常的思路寻求突破

第 1 章

思维博弈：占据客户大脑的"首页"

客户最先感知到的是你的外在形象

销售员顾明德刚做销售工作时和其他新销售员一样，都是从拜访客户等基础工作做起。由于工作需要，公司为每一位销售员统一发放了一套西服，但需交 280 元押金。顾明德刚参加工作不久，手头比较紧，而且他习惯了平时穿休闲服，不太愿意穿西服。所以，外出谈业务时，他也一如既往地穿着一身休闲装；同时，他也不太在乎客户的感觉，说话大大咧咧，行为举止显得十分不雅。因此，虽然他每天出入于写字楼和高档宾馆做业务，但几个月下来一笔业务也没有做成。

一次，顾明德敲开一家客户的门，女主人在门缝里对他说："你是谁？来找谁？是干什么的？"当顾明德表明身份并说明来意后，女主人上下打量了一番，带着怀疑的表情说："他带着孩子到河边去了，你到那里去找他吧。"顾明德一听，就显得特别不高兴，这种情绪马上反映在脸上，他刚想发挥口才，但门已关上了。在以后几次接触客户时，也一直未能跟客户搭上话。

在一次闲聊中，顾明德向同事诉说了自己的苦恼。同事问顾明德："你平时也穿休闲装与客户谈业务吗？"他点点头。同事说："我知道原因了。如果你是这样的装扮和行为举止，换了是我，也不会理你！"

真是这样的吗？此后顾明德一改往日的做派，换上了一套西服，礼貌地再次敲响客户的门。这次还真的成功了，简直不可思议！从此他开始注重自己的仪表装束，业务进展很快。

人们在初次接触陌生人时，决定以后是否继续与其交往，往往凭借的是大脑的直观感受，而不是深入的逻辑推理。第一次交往中给人留下的印象会在客户的大脑中形成，而且第一印象决定着客户对你一段时间内的看法。如果你第一次见客户穿着得体，举止优雅，语言礼貌，客户在大脑中就会对你保留好的印象，认为你是个有修养、懂礼貌的人，从而愿意跟你交往，也会因为对你的好感答应你的再次约见，你就有了销售的机会。反之，如果你穿着不得体，态度傲慢，语言粗俗，客户就会感觉你"不可靠"，不愿意跟你接触，即使有再次见面的机会，客户也很难对你改变看法。

在这个案例中，销售员顾明德刚开始没有意识到自身形象的重要性，穿休闲服装去见客户，而且说话大大咧咧，行为举止也十分不雅，这一切被客户看在眼里，就会直接反映到客户的右脑中，形成感性而非理性的认识。当他的右脑做出的反应是反感而不是信任时，又怎么会买你的产品呢？所以，当顾明德敲开客户的门时，女主人以丈夫不在家为由直接拒绝了他。

当顾明德把自己业绩不好的苦恼对同事讲起时，得到的不是同情和安慰，而是毫不客气的批评："如果你是这样的装扮和行为举止，换了是我，也不会理你！"此时，顾明德才真正认识到形象的重要性。当他换了装束，再次登门拜访客户时，业务成交了，而且后来业务成绩还得到了提升。

所以，初次拜访客户时一定要注意自己的形象。作为一名销售员，一定要保持良好的自身形象，因为只有让客户在直观感觉上接受你，才有进一步交往与合作的可能。

把客户的爱好作为获得其好感的突破口

特鲁斯任职于一家电脑销售公司，负责销售笔记本电脑。有一次，他被上司派到一家大公司销售产品。经过调查，特鲁斯了解到，只有这个公司的总经理才有采购大宗物品的权力。于是，特鲁斯决定前去拜访他。

当特鲁斯被领进总经理办公室时，有位年轻的女士从门外探头告诉总经理，她今天没弄到邮票。

总经理对特鲁斯解释说："我在替我那 10 岁的儿子收集邮票。"

特鲁斯说明了来意，并开始介绍产品。但那位总经理却显得心不在焉，根本无心听特鲁斯说下去。特鲁斯没说上几句话，就被对方轰出来了。第一次造访失败。

该怎样说服那位总经理呢？特鲁斯绞尽脑汁，突然，他想起了那位年轻女士的话。正巧，特鲁斯的妻子在银行业务部工作，她收集了许多邮票，那些邮票是从五湖四海的来信上剪下来的，一般人很难得到。

第二天下午，特鲁斯又去拜访那位总经理。特鲁斯对传话人说："请转告你们的总经理，我为他儿子收集到了一些邮票。"

总经理满脸堆笑地接见了特鲁斯，他一边翻弄那些邮票，一边不断地说："我的乔治一定喜欢这张，看这张，这是珍品！"

总经理还兴致勃勃地拿出儿子的照片来，他们谈了差不多半个小时的邮票。在接下来的一个小时里，总经理主动把公司的采购要求向特鲁斯和盘托出。

当你初次接触或拜访客户时，十分有必要去了解客户及其家人的兴趣爱好，因为这有助于给客户直观上的好感，获得客户的信任。这个案例中的特鲁斯就是以客户儿子的兴趣为突破口成功接触并搞定了客户。

案例中，特鲁斯为了销售产品去拜访客户，虽然他事先做了充分准备（左脑理性思维），但未能打动客户。因为初次见面，客户在对销售员不了解的情况下，通常是受右脑感性思维控制，往往带着警惕和防范心理。因此，第一次约谈失败了。

特鲁斯在思考下一步的应对策略时，利用了左脑逻辑思维习惯。客户的一句话"我在替我 10 岁的儿子收集邮票"给了他灵感。在第二次拜访客户时，他抓住了这个关键点，以"我为他儿子收集到了一些邮票"为由叩开了客户的大门，这是发挥右脑感性思维的典型策略。这一下子拉近了彼此的距离，客户由原来的冷淡变得非常热情，特鲁斯获得了与客户深入交谈的机会。

客户的兴趣是销售员取得突破口的薄弱点。在这个案例中，特鲁斯的聪明之处是他及时发现了总经理及其家人的兴趣，而且发挥了右脑感性思维找到了突破的策略——投其所好。最终他获得了客户的好感并最终成交。

精心设计提问，引导并占据客户的大脑

林更新："早上好，李总，很高兴见到您。"

李总："你好，有什么事吗？"

林更新："李总，我是夏华机械公司的林更新，我今天特意来拜访您，是因为我看到了《机械工业》杂志上有一篇关于您公司所在行业的报道。"

李总："是吗？都说了些什么呀？"

林更新："这篇文章谈到您所在的挖掘机行业将会有巨大的市场增长，预计全年增长幅度为30%，市场总规模将达到50亿，这对您这样的'领头羊'企业应是一个好消息吧？"

李总："是啊，前几年市场一直不太好，这两年由于着力开发西部地区，加强了基础设施建设，加大了固定资产投资，所以情况还不错。"

林更新："李总，在这样市场需求增长的情况下，公司内部研发生产的压力应该不小吧？"

李总："是啊，我们研发部、生产部都快忙死了。"

林更新："是吗？那真是不容易啊。李总，我注意到贵公司打出了招聘生产人员的广告，是不是就是为了解决生产紧张的问题呢？"

李总："是啊，不招人忙不过来。"

林更新："确实是这样。那李总，相对于行业平均水平的制造效率——每人5台而言，您公司目前的人均制造效率是高一些还是低一些？"

李总："差不多，也就人均5～6台。"

林更新："那目前使用的制造设备的生产潜力有没有提升的空间呢？"

李总："比较难。而且耗油率还很高呢。"

林更新："那您使用的是什么品牌的设备呢？是国产的还是进口的啊？"

李总："哦？"

结果，谈话一直继续，客户对销售员推出的产品充满了期待。

任何一个销售员在拜访客户之前都应该做好充分的准备，其中精心设计提问引导客户是其中重要的一环。尤其是在初次拜访时，为了使交易继续下去，销售员应仔细考虑一系列周密计划，通过提问来引导和控制客户的思路，以保持沟通的顺畅，这时候就需要销售员发挥高超的左脑理性思维能力。

在这个案例中，销售员林更新不是使用常见的"说"来交流，而是成功地使用了一系列具有逻辑性的问题引导了客户的思路，使客户主动而且愉快地参与到沟通中。

我们可以看到，他一开始并未介绍自己的产品，而是说"我今天特意来拜访您，是因为我看到了《机械工业》杂志上有一篇关于您公司所在行业的报道"，这句话显然是林更新事先精心设计好的，目的在于化解李总大脑中本能的抵触思维，引起客户的好奇心。果然，正如林更新所料，谈话顺着他设计的思路进行下去，从行业的发展谈到客户的目标、目前的问题等。随着话题的逐步打开，李总逐渐放松了的防范，转而进行深入的理性思考。这是林更新优秀的左脑理性思维能力的胜利。

当然，提问不是万能的，尽管提问在销售过程中尤其是在大单商品的销售过程中起着越来越重要的作用，但只有经过左脑精心设计的正确的提问才能实现更多的销售。因此，销售员在设计问题时要注意：

第一，提出的问题要能引起对方的注意，而且能引导客户思考的方向。

第二，提出的问题要能获得自己所需要的信息反馈。

第三，提问要以客户为中心，让客户主动去思考，这样才容易赢得客户的信赖。

通过引导无形中把信息植入客户的大脑

骆洛是一家服务器销售公司的客户顾问，为了拿下一家生产润滑油的公司，他制定了一个电话营销的策略，下面就是他与客户沟通的过程：

骆洛："您好，您是××润滑油有限公司吗？我刚才访问你们公司的网站，但反应很慢，谁是网络管理员，请帮我接电话。"

前台："我们公司的网站很慢吗？好像速度还可以呀。"

骆洛："你们使用的是内部局域网吗？"

前台："是呀！"

骆洛："那肯定会比在外面访问要快。但是，我都等好几分钟了，第一页还没有完全显示出来，你们有网管吗？"

前台："有网管，您等一下，我给您转过去。"

骆洛："请等一下，请问，你们的网管怎么称呼？"

前台："有两个呢，我也不知道谁在，一个是刘婷，一个是王儒雅。我给您转过去吧。"

骆洛："谢谢！"

（等待……）

王儒雅："您好！请问您找谁？"

骆洛："我刚才访问你们的网站，想了解一下有关奥迪用润滑油的情况，您看都10分钟了，怎么网页还没有显示全呢？您是……"

王儒雅："我是王儒雅，不会吧？我这里看还可以呀！"

骆洛："你们使用的是内部网吗？如果是，您是无法发现这个问题的，如果可以拨号上网的话，您就会发现了。"

王儒雅："您怎么称呼？您是要购买我们的润滑油吗？"

骆洛："我是 ×× 服务器销售公司的客户顾问，我叫骆洛。我平时也在用你们的润滑油，今天想上你们网站看一下一些产品的技术指标，结果发现你们的网站这么慢。是不是有病毒了？"王儒雅："不会呀！我们有防毒软件的。"

骆洛："那就是带宽不够，不然不应该这么慢的。以前有过同样的情况发生吗？"

王儒雅："好像没有，不过我是新来的，我们的主要网管是小刘，他今天不在。"

骆洛："没有关系，你们网站的托管在哪里的？"

王儒雅："好像是 ×× 区电信局网络中心。"

骆洛："哦，那用的是什么服务器呢？"

王儒雅："我也不知道！"

骆洛："没有关系，我在这里登录看似乎是服务器响应越来越慢了，有可能是该升级服务器了。不过，没有关系，小刘什么时候回来？"

王儒雅："他明天才来呢，不过我们上周的确是讨论过要更换服务器了，因为公司正考虑利用网络来管理全国 1300 多个经销商！"

骆洛："太好了，我看，我还是过去一次吧，也有机会了解一下我用的润滑油的情况。另外，咱们也可以聊聊有关网络服务器的事情。"

王儒雅："那，您明天就过来吧，小刘也会在。"

骆洛："好，说好了，明天见！"

在通过电话与客户沟通的过程中，销售员不仅要充分利用左脑理性思维，提前构思好对策，还要利用好右脑感性思维，在现场随机应变，这样才能实现预期的效果。这个案例就是使用左右脑感性思维打通了与客户的关系。

在案例中，销售员骆洛首先按照事先计划好的策略打电话给目标客户，他采用了提示客户的服务器响应缓慢的问题，或者有病毒的可能，或者是宽带的问题等，让客户感到迷茫，从而弱化了其理性思考的能力。

其次，骆洛采用了唤醒客户的策略，即明确指向服务器响应缓慢的可能，这时的客户完全是通过右脑感性思维凭感觉认为骆洛的说法有道理，不自觉地透露了本公司正要更换服务器的信息。

再次，骆洛又安抚客户，暗示客户找到了行家里手，不用担心：一来我领略了你们的产品，二来聊聊有关网络服务器的事情。从而成功达到了约见的目的。

发挥全脑思维优势，引导客户去思考

张若昀是一家计算机销售公司的销售员，在分派任务时，经理让他负责一家报社的业务。现在他要知道这家报社负责采购的人是谁，什么时间采购，由谁决定采购计划。

为了掌握这些资料，首先，张若昀浏览了这家报社的网页，了解报社的组织结构、经营理念、通信地址和电话，然后把这些资料记录到客户资料里。

随后，他打电话给一些报社的老客户，了解到报社的计算机主要应用于编辑排版系统和记者采编系统。

张若昀又向报纸行业的朋友打听了关于这家报社的情况，他们告诉他报社信息中心有一位工程师叫纪云端，经常与厂家联系，最近纪云端一直在了解互联网数据中心方面的进展。

最后，张若昀又搜索了自己的邮件，找到了市场部定期发送给每个销售员的关于最近市场活动的时间表，发现两周以后有一个新产品发布会在深圳会议展览中心举行。

一切准备工作就绪之后，张若昀拨通了纪云端的电话："您好，请问是纪云端工程师吗？"

"我是。"

"纪工，您好。我是××公司的销售员，张若昀。我们公司将在深圳会议展览中心举办一个新产品巡回展，时间是7月8日，请问您有时间参加吗？"

"我现在还不能确定。"

"我们所有的产品都有展示，而且我们公司的电子商务专家也会亲临现场，他对互联网的数据中心很有经验，您一定会感兴趣。"

"有数据中心的讲座？如果有时间我一定去。"

"我马上寄请柬给您，而且会提前打电话与您确认。另外，纪工，我可以了解一下你们报社的情况吗？"

"我只有5分钟时间，一会儿要去开会。"

"那好，我抓紧时间。你们报社发展很快，前几天我在厦门出差时，看到厦门的报摊上也在卖你们的报纸。您知道，报社高速发展依赖于信息系统的支持。报社的信息系统主要有哪些部分？"

"我们主要有编辑系统、记者采编系统、办公系统和我们的网站。"

"您现在的主要工作是什么呢？"

"我们现在正在研究报社的 Internet 数据中心。我们刚刚在厦门开了一个这方面的研讨会。"

"是吗？我们的客户服务中心和工厂也在厦门，您喜欢厦门吗？"

"厦门是个很安逸的城市，风景和气候都很好。"

"饮食呢？您喜欢厦门的小吃吗？"

"不错，鼓浪屿的新四海馅饼很有特点。"

"哦，您的会议开得怎么样？"

"很好，所以我对你们的展会有一些兴趣。对不起，我要去开会了。"

"好的，我现在就将请柬寄给您，我们会展中心见。"

一周后，纪云端收到了请柬和各种口味的鼓浪屿新四海馅饼。7月8日近百人参加了这次新产品巡回展，张若昀邀请的都是老客户和几个重要的新客户。

巡回展 9:00 开始，张若昀 8:30 就来到了会场，衣着庄重、整洁，站在客户签到处等候着客户的到来。不久，客户们陆续来到会场。8:40 左右，一个年轻人来到签到处，将名片交给服务人员。张若昀一眼看出这是那家报社的名片，便立即走上来，开始与客户交谈起来。

"您好，您是××报社的纪云端吗？"

"我是。"

"欢迎光临！我是××公司的张若昀，我和您通过电话并给您寄去了请柬。"

"谢谢你的请柬。"

"新四海馅饼味道好吗？我特意选了各种口味的。"

"很好，我请我们的同事们一起吃的，他们也很喜欢。"

"这是我的名片，交换一下名片好吗？"

"好的。这是我的名片。"

"会议一会儿就开始了，我已经都您订好了座位，请跟我来。"

张若昀将纪云端引到第一排的座位上，然后又返回门口招待其他的客户。在中间休息的时候，张若昀找到纪云端，一起喝了咖啡后，他找来自己公司的专家与纪云端认识。看到他们谈得很投机，张若昀便去招待其他客户。发布会结束后，张若昀建议纪云端在报社做一个内容类似的技术交流并请报社的其他人员参加。纪云端答应了张若昀的要求，而且说争取让信息中心的冯主任参加。

张若昀回到公司后，立即和纪云端确定了技术交流的时间：一周后技术交流将在报社的会议室里举行，包括信息中心的冯主任在内的十几个人应邀参加。纪云端说冯主任目前正在规划一些项目，所以这是一次很重要的交流，冯主任会根据技术交流的情况判断是否使用张若昀公司的产品。

技术交流的日期到了，张若昀和工程师提前30分钟来到会议室。工程师去安装带来的演示用的产品，包括报社可能关心的笔记本、台式电脑和服务器。张若昀则去冯主任的办公室与冯主任见面。9点钟，他与冯主任一起来到会议室。

10:30 中间休息的时候，客户纷纷走出会议室。他们突然发现在走廊上居然有两个餐桌，餐桌上备有咖啡、茶水、点心和水果。张若昀告诉大家这是专门为他们准备的。等客户取完食物，他要了一杯咖啡和一些点心，来到正在喝咖啡的冯主任身边。

"冯主任，咖啡还好吗？"

"很好，你们准备得真充分，连咖啡和点心都订好了。"

"一上午的技术交流也很辛苦，喝一些咖啡能提神。冯主任，您身体很结实，一定经常锻炼吧？"

"人到中年，身体就越来越不如以前了。如果不锻炼，精力和体力就跟不上了。"

"您喜欢什么运动？"

"游戏和网球。"

"真巧，我也常打网球。您是和谁打？"

"与报社的同事。"

"我请了一个专业的网球教练，每周陪我打一次，他不但教我技术，还调动我来回跑动，我觉得有教练陪打的锻炼效果更好。"

"我只是在学校的时候与教练打过。"

"您应该试一试。哦，已经 10:50 了，我们进去吧。"

演示会给冯主任留下了不错的印象。在最后演示的时候，冯主任表示对公司的超轻超薄的笔记本有兴趣，张若昀立即将一台笔记本借给冯主任试用一周。

星期五下班前，张若昀给冯主任打了一个电话，约冯主任一起去体育馆打网球，网球馆离冯主任的家很近，而且网球教练很棒，冯主任答应了。

周末网球打得很愉快。周一上午张若昀第二次走进冯主任的办公室，办公室很杂乱，到处是各种各样的书，冯主任埋头于电脑前，正在工作。

"您好，冯主任。"

"你好，坐吧。"

"冯主任，您有很多书，我能看一下您的书架吗？"

"可以。"

"您有很多计算机方面的书，还有柏杨版的《资治通鉴》。"

"工作不忙的时候，我会翻一翻。"

"是吗？我也很喜欢中国历史，我最近看了一本《张居正传》，是一本很好的传记。另外，我每天都在看你们的报纸，现在影响越来越大了。"

"我们的计划是在 3 年内将报纸办成华南发行量最大的报纸。"

"报社的计算机系统一定也做了很大的改进吧？"

"对，数据量多了很多。"

"你们报社发展很快，信息系统方面今年有什么目标呢？"

"我们计划强化我们的编辑和采编系统。"

"您不是已经有了编辑和采编系统了吗？"

"以前，记者在采访的时候手写稿件，然后通过传真发回报社，报社的编辑输入后再进行排版，这样就影响了我们的出版速度。而且现在的彩色图片增加很多，老的系统已经不能满足我们图片编辑的要求了。"

"现在计划怎么做呢？"

半个小时后，张若昀清楚地了解了冯主任的需求。几天后，张若昀再一次拜访冯主任。

"冯主任，周末过得好吗？"

"在家休息。噢，星期六带孩子去学钢琴。"

"现在小孩比大人还辛苦。您的小孩快要上小学了吧？"

"明年就要上了。"

"我母亲在教委工作，到时可以帮您做一下咨询。"

"好啊。"

"冯主任，我这次来拜访您是想深入了解一下您对笔记本的需求。"

"好啊，我们正在写需求书，也想了解一下你们的产品。"

"上次，您谈到笔记本的性能可以满足3～5年的需求。这怎么理解呢？"

"现在电脑产品更新很快，我们希望笔记本能够用得久一点。"

"确实是这样。现在电脑的主频已经是过去的五六倍了。您觉得笔记久一点的主要瓶颈在哪里？或者说三五年以后，笔记本的哪些配置会成为使用的障碍？"

"我想听听你在这方面的看法。"

接下来，张若昀根据自己掌握的专业知识为冯主任详细介绍了近几年来笔记本配置的演变，而且根据客户的要求，为其制订了一个笔记本的配置方案，而且与客户达成了一致。

在销售过程中，要想成功地接触到客户，而且让客户接受你的产品，就必须发挥自己的全脑思维，运用多种方法引导客户顺着你的思路去思考。

就像这个案例中的销售员张若昀，他在确定了自己的目标客户是一家报社之后，主要采取了以下几个步骤。

首先，到这家报社的网页上，详细了解这家报纸的情况；通过一些老客户搜集客户的资料；向报纸行业的朋友打听，而且获得了重要情报；搜索邮件，两周后将有一个新产品发布会在深圳会议展览中心举行。这些都是在为接触客户进行前期准备工作。在销售中，全面的准备来源于销售员的逻辑思考、系统思考以及有次序的、按照事物发展规律来布局的一种左脑理性思维。

其次，在与客户总工程师纪云端沟通中，得知他喜欢鼓浪屿馅饼，于是张若昀在给客户送请柬时一并送上各种口味的鼓浪屿馅饼。在销售过程中，送给客户一点他喜欢的小礼物会带给客户惊喜，从而获得他的好感，这是一种典型的右脑感性思维策略。

再次，与报社信息中心冯主任接触过程中，成功地将产品实物展示在客户面前，而且将一台笔记本电脑借给冯主任试用一周。请客户试用，是体验营销的一种做法，这种做法使客户更直观地感受到了产品，容易获得客户的信赖。

另外，张若昀约冯主任周末一起打网球。在销售过程中，与客户一起参加他喜欢的业余活动是增进彼此感情的最好做法，是为右脑控制局面服务的。

最后，张若昀在第二次拜访冯主任时，基于前期双方建立的良好关系，以及张若昀事先了解到的客户资料，顺利地掌握了客户的需求，而且通过提问，让客户参与到产品的设计当中，这也是顾问式销售的典型做法。

张若昀通过以上步骤，最后成功地获得了客户的认可，为签单铺平了道路。可见，在营销过程中，销售员必须充分发挥自己全脑思维的优势，分析、引导客户的思考，这样才会有成功的可能。

储备专业的素养能赢得客户的好感

孙毅从美术学院毕业后，一时没找到对口的工作，就做起了房地产销售员。

3个月后，孙毅一套房子也没卖出去，按合同约定公司不再续发底薪，这让他陷入了进退两难的境地。

一天，孙毅的一个大学同学向他提供了一个信息：他有位熟人是某大学的教授，该教授住的宿舍楼正准备拆迁，还没拿定主意买什么样的房子。他劝孙毅不妨去试一试。

第二天，孙毅敲开了教授的家门，说明了来意。教授客气地把他带到客厅。当时，教授刚上中学的儿子正在支起的画板架上画着"静物"。孙毅一边向教授介绍自己销售的房产情况，一边不时地瞄上几眼孩子的画。

教授半闭着眼睛听完孙毅的介绍，说："既然是熟人介绍来的，那我考虑一下。"孙毅通过观察，发现教授只是出于礼貌而应付，对他所说的房子其实并没有产生多大兴趣，心里一时没了谱，不知道接下来该说什么，气氛一时变得很尴尬。

这时孙毅看到孩子的画有几处毛病，而孩子却浑然不知，便站起身来走到孩子跟前，告诉他哪些地方画得好，哪些地方画得不好，而且拿过画笔娴熟地在画布上勾勾点点，画的立体感顷刻就凸现出来了。孩子高兴地拍着手说："叔叔真是太棒了！"略懂绘画的教授也吃惊地瞧着孙毅，禁不住赞道："没想到你还有这两下子，一看就是科班出身，功底不浅啊！"他还感激地说："有时候，我也看出孩子画得不是那么回事儿，可我却一知半解，不知怎么辅导，经你这么一点拨，就明白了，你真帮我的大忙了！"

接下来，孙毅同教授颇有兴致地谈起了绘画艺术，讲起了自己学画的经历。他还告诉教授应该怎样选择适合孩子的绘画基础训练课目，而且答应说以后有时间来给孩子讲讲课。孙毅的一番话，让教授产生了好感，也开了眼界，一改刚才的应付态度。两个人的谈话越来越投机，教授更是高兴得不得了。

后来，教授主动把话题扯到房子上来。他边给孙毅端上一杯热茶边说："这些日子，我和其他几个老师也见了不少销售房产的，他们介绍的情况和你的差不多。我们也打算抽空去看看，买房子不是小事，得慎重才行。"

教授又看了孙毅一眼，接着说："说心里话，我们当老师的就喜欢学生，特别是有才华的。你的画技真让我佩服！同样是买房子，买谁的不是买，为什么不买你这个穷学生的呢？这样吧，过两天，我联系几个要买房的同事去你们公司看看，如果合适就非你莫属，怎么样？"

人与人之间都会存在某些共同点，例如共同的生活环境、共同的工作性质、共同的兴趣爱好、共同的生活习惯等，甚至某些生理特征，例如脚比较大等，你需要发挥想象力，积极找到与客户之间的相似点，让客户对你产生亲切感，就容易拉近彼此的距离。

房地产销售员孙毅通过熟人介绍，得到了一个销售信息，他登门拜访，而且详细陈述房子的情况，这是利用左脑理性思维采取的方式。但是，客户对房子并未产生很大的兴趣，谈话陷入了尴尬的场面。如果不改变策略，就会失去这次销售机会。孙毅决定发挥右脑感性思维，用感性思维策略刺激客户的主观感受，以化解其抵触。

美术专业出身的孙毅看到客户的孩子正在画的画有几处毛病，于是简单地指导了孩子。这一举动让客户大为惊讶，他没有想到一个房地产销售员有如此高的美术专业素养。孙毅抓住这个机会，与客户探讨绘画艺术，逐渐赢得了客户的好感和认可。

与客户交心，化解其"反销售"本能

吉姆是一位非常忙碌而且非常反感销售员的油桶制造商，一天，保险销售员威廉带着朋友的介绍卡，来到了吉姆的办公室。

"吉姆先生，您早！我是人寿保险公司的威廉。我想您大概认识皮尔先生吧！"

威廉一边说话，一边递上自己的名片和皮尔的亲笔介绍卡。

吉姆看了看介绍卡和名片，丢在桌子上，以不甚友好的口气对威廉说："又是一位保险销售员！"

吉姆不等威廉说话，便不耐烦地继续说："你是我今天所见到的第 3 位销售员，你看到我桌子上堆多少文件了吗？要是我整天坐这里听你们销售员吹牛，什么事情也别想办了，所以我求你帮帮忙，不要再做无谓的销售啦，我实在没有时间跟你谈什么保险！"

威廉不慌不忙地说："您放心，我只占用您一会儿的时间就走，我来这里只是希望认识您，如果可能的话，想跟您约个时间明天碰个面，再过一两天也可以，您看是早上好还是下午好呢？我们的见面大约 20 分钟就够了。"

吉姆很不客气地说："我再告诉你一次，我没有时间接见你们这些销售员！"

威廉并没有告辞，也没有说什么。他知道，要和吉姆继续谈下去，必须得想想办法才行。于是他弯下腰很有兴趣地观看摆在吉姆办公室地板上的一些产品，然后问道："吉姆先生，这都是贵公司的产品吗？"

"不错。"吉姆冷冰冰地说。

威廉又看了一会儿，问道："吉姆先生，您在这个行业干了有多长时间啦?"

"哦……大概有 5 年了!"吉姆的态度有所缓和。

威廉接着又问:"您当初是怎么进入这一行的呢?"

吉姆放下手中的公事,靠着椅子靠背,脸上开始露出不那么严肃的表情,对威廉说:"说来话长了,我 17 岁时就进了约翰·杜维公司,那时真是为他们卖命一样地工作了 10 年,可是到头来只不过混到一个部门主管,还得看别人的脸色行事,所以我下了狠心,想办法自己创业。"

威廉又问道:"请问您是宾州人吗?"

吉姆这时已完全没有生气和不耐烦了,他告诉威廉自己并不是宾州人,而是一个瑞士人。听说是一个外国移民,威廉吃惊地问吉姆:"那真是更不简单了,我猜想您很小就移民来到美国了,是吗?"

这时的吉姆脸上竟出现了笑容,自豪地对威廉说:"我 14 岁就离开瑞士,先在德国待了一段时间,然后决定到新大陆来打天下。"

"真是一个精彩的传奇故事,我猜您要建立这么大的一座工厂,当初一定筹措了不少资本吧?"

吉姆微笑着继续说:"资本?哪里来的资本!我当初开创事业的时候,口袋里只有 300 美元,但是令人高兴的是,这个公司目前已整整有 30 万美元的资本了。"

威廉又看了看地上的产品道:"我想要做这种油桶,一定要靠特别的技术,要是能看看工厂里的生产过程一定很有趣。您能否带我看一下您的工厂呢?"

"没问题。"

吉姆此时再也不提他是如何如何的忙,他一手搭在威廉的肩上,兴致勃勃地带着他参观了他的油桶生产工厂。

威廉用热诚和特殊的谈话方式,化解了这个讨厌销售员的瑞士人的冷漠和拒绝。可以想象等他们参观完工厂以后，吉姆再也不会拒绝和这位销售员谈话了，只要谈话一开始，威廉就已经成功了一半。

事实上，他们在第一次见面之后，就成了一对好朋友。自那以后的 16 年里，威廉陆续向吉姆和他的 6 个儿子卖了 19 份保单。

此外，威廉还跟这家公司的其他人员也建立起了非常好的友谊，从而扩大了他的销售范围。

在销售过程中，遇到客户的拒绝在所难免，这时候，销售员要能发挥自己的沟通能力，尽力地鼓励和关心客户，使客户感到一种温馨，化解客户的"反销售"本能思维，进而把你当成知心人，这对你的销售工作会起到积极的作用，同时这也是关系营销建立的一种方式。这个案例就是一个典型的与客户交心赢得客户好感的实战案例。

保险销售员威廉带着朋友的介绍卡去拜访客户，但仍然被客户毫不客气地拒绝了。威廉是想通过强调是熟人介绍，以此来获得客户的认可，这是一种作用于客户右脑的策略。但是，这个策略对态度强硬的客户似乎没有发挥作用。对一般销售员来说，在客户毫不客气地拒绝之后，很可能就失望地告辞了，但威廉却没有放弃，他采取了进一步强化客户感性思维的策略。

"吉姆先生，这都是贵公司的产品吗？""您在这个行业干了有多长时间啦？""您当初是怎么进入这一行的呢？"这一系列感性的提问，让谈话从客户自己的职业开始，这是打开客户话匣子的万能钥匙，因为所有的成功人士都会对自己当初的选择和使他成功的一些事感到自豪，当你把话题转到这里，而他又不是正在火头上的话，很可能会告诉你他的发家史，话题由此逐步打开，客户开始时的思维也会由左脑主导的理性转移到右脑主导的感性。

果然，威廉的策略成功了。在接下来的交谈中，威廉利用自己出色的沟通能力和左脑逻辑思维能力，把客户的思维始终控制在右脑感性思考和认识上，最终不但与客户成了好朋友，后续还获得了许多保单。

可见，与客户交心是开拓客户的一种有效途径，当在销售时遇到类似客户时，我们不妨运用左右脑销售博弈的智慧与他先交心，然后生意自然也就成了。

第 2 章

客户想要什么，需要在大脑交流中探索

放低姿态去请教，客户才会对你掏心窝

林致钦是一名汽车销售员。近日来，他曾多次拜访一位负责公司采购的胡总。在向胡总介绍了公司的汽车性能及售后服务等优势以后，胡总虽表示认同，但一直没有明确表态，林致钦也拿不准客户到底想要什么样的车。

久攻不下，林致钦决定改变策略。

林致钦："胡总，我已经拜访您好多次了，可以说您已经非常了解本公司汽车的性能，也满意本公司的售后服务，而且汽车的价格也非常合理，我知道胡总是销售界的前辈，我在您面前销售东西实在压力很大。我今天来，不是向您销售汽车的，而是请胡总本着爱护晚辈的胸怀指点一下，我哪些地方做得不好，让我能在日后的工作中加以改善。"

胡总："你做得很不错，人也很勤快，对汽车的性能了解得也非常清楚，看你这么诚恳，我就给你透个底儿：这一次我们要替公司的10位经理换车，当然所换的车一定比他们现在的车子要更高级一些，以激励他们的士气，但价钱不能比现在的贵，否则短期内我宁可不换。"

林致钦："胡总，您不愧是一位好老板，购车也以激励士气为出发点，今天真是又学到了新的东西。胡总我给您推荐的车是由德国装配直接进口的，成本偏高，因此，价格不得不反映成本，但是我们公司月底将进口成本较低的同级车，如果胡总一次购买10部，我一定能说服公司尽可能地达到您的预算目标。"

胡总："好啊，贵公司如果有这种车，倒替我解决换车的难题了！"

在销售中，销售员只有掌握了客户的真正需求，才能成功签单。而怎样了解客户的需求，就是一门学问了。这个案例中，销售员林致钦运用了请教的右脑感性思维策略，先赢得了客户的好感，结果就成功地掌握了客户的真正需求。

在案例中，我们可以看到，林致钦之所以久攻不下，原因就在于他没有了解客户的真正需求是什么，当他自己意识到这个问题后，改变了一贯采用的左脑理性思维策略，转而使用了右脑感性思维策略——放低姿态，把客户称为"销售界的前辈"，说"在您面前销售东西实在压力很大"，继而向客户请教"我今天来，不是向您销售汽车的，而是请胡总本着爱护晚辈的胸怀指点一下，我哪些地方做得不好，让我能在日后的工作中加以改善"。

"请教"一般是师生关系的体现，老师这个称呼表达了人们内心向往的荣誉感。如果有机会让与你谈话的人有当老师的感觉，那么彼此的心理距离就近了很多。

回到这个案例中，我们会发现，当林致钦以请教的姿态请胡总给予指点后，胡总的态度发生了很大改变。由此，林致钦才真正了解了客户想要什么样的车，于是根据客户的要求推荐本公司的车。客户也有了一个明朗的态度，而且最终购买了林致钦公司的车。

可见，在销售中，当你还不了解客户的真正需求时，不妨主动当当学生。

深度思考和预测客户未来可能的需求

托尼是一位销售医疗设备的销售员。他花了很长时间试图说服杰尔森医生更新消毒设备，但得到的答复总是"我过一阵子会考虑这个问题，现在实在没有预算""明年春天再说吧！ 他们预测会经济衰退，到时候就知道是不是真的"，等等。

最后，托尼实在无法再等了，他想了一个方法，决定采取行动。于是他打电话给杰尔森医生说："医生，有一件重要的事，我一直想和您谈谈，这件事对您关系重大。星期四中午一起用餐吧，不知道您方不方便？"杰尔森医生一听是大事，马上答应聚餐。

用餐时，杰尔森医生单刀直入地问："是什么样的大事？"

托尼从口袋中取出一张卡片，放在桌上。

"医生，请问您诊所的租约什么时候到期？"

"明年九月份。"

"听说那幢大厦要出售，我想您应该不会续约吧？"

未等医生回答，托尼又接着说："虽然这件事还没有定案，不过我听说有所大学想在这附近建一个新校区。如果这事是真的，您的诊所是一定要搬的，对不对？"

"是啊。"杰尔森医生说。

托尼接着说："您可以把诊所搬到别的地方。反正，不论政治局势好坏、经济是否衰退，人们还是需要医生的。"

杰尔森医生点点头。

"既然如此，您为什么不现在就决定迁移诊所呢？您至少还会行医二十年以上，总不会一直待在这个窄小的诊所吧？"

杰尔森医生微笑着说："我的诊所确实太挤了！"

托尼将桌上的卡片递给杰尔森医生，杰尔森医生看见卡片上印着一行字："凡事彻底考虑周详才下决定的人，永远做不了决定。"

"我跟太太也常谈到这一点。记得买第一部车和第一幢房屋时，我们都讨论过这一点的重要性。总是我太太先预见未来的发展，坚持这些都是未来的需求。她的判断是正确的。"杰尔森医生一拍桌子，说："好！感谢你的建议，我今年夏天就迁移诊所。"

两周后，托尼接到杰尔森太太的电话，说她的先生已经找到一幢大厦，签了十年租约。她还说，杰尔森医生很快就要找托尼讨论更换医疗设备等事宜。"我要先谢谢你，"她说，"总算有人劝他搬出那个小诊所了。"

销售的本质其实就是影响选择，使客户的需求直观化，让他们能够轻易地选择自己的商品和服务，而不是传统地一味地将产品推荐给客户，使客户做购买的决定。

这就需要销售员去思考客户的需求、品牌的价值和商品的优势，用多样化的方法对目标客户进行说服。简单地说，就是想尽一切办法找到客户的喜欢所在，再回头看看自己的产品哪里能够迎合他们的喜好。

所以，必须从大脑做决策的过程出发，研究怎样影响客户的每一次购买选择，每一次的销售行为都是一次影响选择的过程。

在这个案例中，销售员托尼为了说服杰尔森医生更新消毒设备花了很长时间，而每次医生都用各种各样的借口拒绝了他。托尼知道，继续采用以往的方法是不会成功的，而他仍然坚信杰尔森医生是有这个需求的，最后他想出了一个办法，即运用假设的方法，预测出客户的未来需求。通过左脑深度思考，他分析和判断出了客户可能的需求。

"听说那幢大厦要出售""听说有所大学想在这附近建一个新校区"，

这两个假设无论哪个成立，杰尔森医生都要迁移诊所。销售员利用假设调动客户的右脑来想象，取得了客户的认同，建立了初步的信任。

托尼见自己的策略取得了初步成效，于是趁机说："既然如此，您为什么不现在就决定迁移诊所呢？您至少还会行医二十年以上，总不会一直待在这个窄小的诊所吧？"这句话的目的同样是在调动医生右脑去想象，一旦迁移了诊所，那么自己所有的问题都会迎刃而解。最后杰尔森医生的答复是："感谢你的建议，我今年夏天就迁移诊所。"客户在右脑的想象下做出了决策。

可见，销售员只要能够灵活运用自己的左右脑，掌握客户未来的需求，换个方式向客户销售，就会使自己的工作随着客户的另一种选择而获取更大的利益。

把客户的思维始终控制在所提问题的范围内

刘军洛是一家电脑销售公司的销售员。一次，他去拜访一家公司的王科长，主要目的是推销公司的服务器。

"王科长，贵公司的信息系统是怎么构架的？"

"我们有办公系统和财务管理系统。财务管理系统是我们的业务系统，这次采购的服务器就是用于这套系统。"

"我听说你们的办公系统使用得非常成功。我相信这次管理系统的建设也将会取得成功。您对这次计划采购的服务器有什么要求呢？"

"这批服务器用于存储和计算财务的相关情况，所以最重要的就是服务器的可靠性。"

"对。所有重要的数据都存储在服务器的硬盘内，数据的丢失将会带来很大的损失。您想怎样提高服务器的可靠性呢？"

"首先，我们要采用双机系统，所以服务器要支持双机系统。其次，服务器的电源、风扇要有冗余。另外存储系统要采用磁盘阵列，支持RAID5。"

"您是倾向于使用内置的磁盘阵列，还是外置的磁盘阵列？"

"外置的。外置的更可靠一些。"

"这样，就有双保险了。您对于服务器还有其他的要求吗？"

"处理能力。我们要求服务器至少配备两个 CPU，PCI 总线的带宽为133 兆以上；I / O 系统采用 80 兆以上的 SCSI 系统。"

"我们的产品满足这些要求都没有问题，您为什么需要这样的配置呢？"

"我们的数据量增加很快，现在我们的服务器每秒钟需要处理 500 笔操作，我估计 3 年以后可能达到 1000 笔。我是根据现在服务器的处理能力估算出来的。"

"噢。您希望服务器能够满足 3 年的要求?"

"这是我们工作的要求。"

"这个配置正好是现在的主流。除了可靠性和处理能力以外,其他的要求呢?"

"服务也非常重要,我们要求厂家能在 24 小时内及时处理出现的问题。"

"对,服务非常重要,我们一直将客户服务作为最重要的指标。其他方面呢?"

"没有了。"

"让我总结一下。首先您希望服务器具备很好的可靠性,支持双机系统,冗余的电源和风扇,支持 RAID5 的磁盘阵列。其次,您对处理能力的要求是双 CPU,主频高于 800 兆,总线带宽大于 133 兆,I/O 速度大于 80 兆。另外,您还要求厂家能在 24 小时内及时处理故障,对吗?"

"不错。"

两周之后,刘军洛为客户提供了符合要求的服务器。

提问的本质是一种思考的表现形式,所以好的问题可以显示出提问者的思考,通过问题的形式、问题的深度、问题的广度、问题涵盖的层次等都可以表明提问者的思考过程和思考模式。同时,问题可以在某种程度上强迫听者思考,无论听者是从广度上回答,还是从深度上回答,还是回答表面的问题,或者听者为了更好地回答问题,发问了一个新的问题,这都是两个人思想的较量。

在销售中也是同样的道理。如果只有说,而没有问,销售就会走进死胡同。正确的提问正是引起客户注意、获取相关信息、争取主动权、引导客户思考、进行谈判总结的法宝,是销售取得成功的关键所在。

提问的作用是训练销售人员自己思考的同时，赢得潜在客户的积极思考，赢得潜在客户的兴趣，信任和依赖。

无论在什么时候，只要客户提出反驳，改变策略或者做一些出乎意料的事，你的第一个反应最好是提问。如果你被质问，你会首先想到用一个问题削弱它并用正确的眼光看待它，而不是立刻迎战。如果客户变得心烦意乱，你不会因此而变得戒备或陷入一种气急败坏的发作，而会提一个问题。记住，提出问题以控制谈话，这会在任何销售情况中给你足够的力量。

在这个案例中，销售员刘军洛出色地充当了顾问的角色，很好地实现了与客户思维互动。在拜访王科长之前，刘军洛就深入思考了应对策略。他感觉，要想拿下这个客户，就要了解其需求。于是，他设计了一系列的问题，做好了充分的准备。这是一种左脑理性思维习惯。

在与王科长交谈的过程中，刘军洛按照自己事先设计好的问题一步步提问，把客户的思维始终控制在自己的计划内。当他了解了客户的需求后，自然就能够为客户提供符合其需求的产品，让客户满意。

强化客户大脑深处的需求意识

在一家商场内，当一位客户来到电器柜台前时，销售员立刻上前热情地介绍产品。

销售员："您好，这是××牌的DVD，您看，这是最新的款式，带逐行扫描功能，而且有色差输出功能，更重要的是它的纠错功能也不错……"

客户："哦，我们已经有了VCD，凑合着还能用，DVD目前还不需要。"

销售员："哦，是这样，那您肯定喜欢看影碟啰？"

客户："嗯。"

销售员："我想您这样喜欢看影碟的话，肯定看过不少大片，我们现在放的是《拯救大兵瑞恩》，您看用DVD放出的画质多好。另外，像这段，子弹射出的声音仿佛就在身边。这是运用了杜比AC-3技术，使您有身临其境的感觉。"

客户："嗯，是不错，VCD就放不出来吗？"

销售员："是的，只有DVD才具有杜比AC-3的技术，也就是我们常说的5.1声道。看DVD碟片不光是声音，画质方面和VCD比较也有很大的提高，像这款DVD……"

……

客户："嗯，你再给我详细介绍下。"

在没有现代交通工具的时候，人们旅行靠的不都是马车吗？难道有了马车，就没有以汽车或飞机代步的需求？当然不是。关键是怎样让客户意识到自己的需求。作为销售员，首要任务就是强化客户在这方面的强烈需求意识。

这个案例中的销售员就很善于引导和强化客户的这种需求意识。

首先，销售员向客户介绍 DVD，而客户表示暂时不需要，这完全是右脑感性思维作用下的一种本能反应。这时候，如果销售员继续向客户介绍产品，得到的回答必然是拒绝。

其次，这个销售员显然是善用左右脑感性思维销售的高手，他及时地改变了策略，问客户"那您肯定喜欢看影碟啰"，这是一种利用感性思维提问的做法，完全取决于销售员的右脑感性思维能力。接下来，他又通过与客户谈影片联系到 DVD 的技术，从而激发客户对 DVD 产品的兴趣，进而继续向客户介绍自己的产品。这个过程是销售员用右脑感性思维去应对客户的右脑感性思维，然后又转回左脑理性思维博弈的过程。

可见，"没有需求"型的客户很多情况下并不是真正没有需求，只是出于本能的防范意识，不愿意被销售员缠住。但是销售员如果能发挥右脑感性思维的优势，提出让客户感兴趣的事情，他也愿意和你交流。这时候要及时把握好客户关注的焦点，让自己有机会在和客户沟通的过程中，掌握好客户的真正需求所在，进而促进成交。

摸清不同客户的真实想法

王俊茹是一家服装店的营业员。一天早上，服装店刚开门，就来了三位客户。一位是六十多岁的老太太，后面是一对青年男女。男的戴一副眼镜，颇有知识分子风度。女的穿着入时，显然是一位注重打扮的姑娘。

王俊茹热情地迎上去打招呼："三位要买些什么？"老太太回头对这对青年男女说："这里货多，你们仔细看看，拣条称心的买。"王俊茹心里明白了，这是婆婆为未来的儿媳妇买裤子。于是，她指着挂在货架上各种各样的裤子说："这些式样现在都有现货，你们要看哪一条，我拿出来让姑娘穿上试试。"

三个人都抬起头来不作声。王俊茹发现，老太太的目光总是停在四十几元一条的裤子上，而姑娘却目不转睛地盯着八十几元一条的裤子。这时，男青年一会儿望望裤子，一会儿又看看老太太和姑娘，脸上露出一些不安的神色。

几分钟过去了，细心的王俊茹从他们的目光中捉摸出老太太想节约一点，买条物美价廉的裤子；姑娘倾心时髦，想不惜破费买条高档的裤子，但两人都不好意思先开口。男青年大概看出了双方的心情，既怕买了便宜的得罪了女友，又怕买了贵的得罪了母亲，所以左右为难，一声也不吭。

了解了客户的心理后，王俊茹对老太太说："这种四十几元的裤子，虽然价格便宜、经济实惠，但都是用混纺料做成的，一般穿穿还可以，如果要求高一些恐怕就不能使人满意了。"接着，她又对姑娘说："这种八十几元一条的裤子，虽然样式新颖，但颜色均比较深，年轻姑娘穿恐怕老气了点，不太合适。"说着，她取出一条六十几元的米黄色裤子说："这种裤子式样新颖，质量也不错，而且米黄色是今年的流行色，高雅富丽、落落大方，姑娘们穿上更能显出青春的活力，许多人都竞相购买，现在只剩几条了，您不妨试穿一下。"

营业员的一席话，使气氛顿时活跃起来，姑娘喜形于色，老太太眉开眼笑，男青年转忧为喜。三个人有说有笑地翻看着这条裤子，姑娘试穿后，也十分满意，老太太高高兴兴地付了钱。

客户的特征是千变万化的，他们来自不同的地域，他们的肤色不同、性格不同，喜欢的东西也就自然而然千差万别。

如果不能及时摸清客户的真实想法，提供符合客户口味的产品，那么客户很容易对品牌的信任度降低，品牌对客户的吸引力下降，传统销售中的品牌方针就会变得不适用，所以应该转变为大脑决策为出发点的大脑方针。

善于察言观色是一个重要技能，而且有显著的作用。

在这个案例中，服装店营业员王俊茹就通过察言观色并与客户沟通，不仅探知到了不同客户的真实想法和需求，也改善了与客户之间的关系，最终成功卖出了一条裤子。

案例中，三位客户的年龄和身份都不同，王俊茹通过细心观察发现了他们的所思所想：老太太想买便宜的，姑娘想买贵的，男青年夹在中间为难。得出这个结论靠的是销售员的右脑感性思维能力，即要善于察言观色，能准确判断出客户的偏好和情绪。

当王俊茹了解了三个人的不同想法后，及时调整了对策，对客户说：便宜的裤子不实用，贵的裤子颜色不适合，中间价位的既很实用又是今年的流行色。这段话说出来让三个人都高兴起来，最后付钱成交。我们不得不佩服这个营业员的机智和聪明，而这一切都是她及时发挥自己右脑感性思维能力的结果。

深入分析客户的深层心思

有一次，美国一家钢铁公司的总经理卡里请来美国著名的房地产经纪人约瑟夫·戴尔，对他说："约瑟夫，我们钢铁公司的房子是租别人的，我想还是自己有座房子才行。"此时，从卡里办公室的窗户望出去，只见江中船来船往，码头上工人们正在繁忙地工作，这是多么繁华热闹的景致呀！卡里接着又说，"我想买的房子，也必须能看到这样的景色，或是能够眺望港湾的，请你去替我物色一所条件相当的吧。"

约瑟夫·戴尔花费了好几个星期的时间来琢磨这所条件相当的房子。他又是画图纸，又是做预算，但事实上这些东西一点儿也派不上用场。因为"条件相当的"房子只有一所，那就是与卡里钢铁公司相邻的那幢楼房，卡里所喜爱眺望的景色，除了那所房子以外，再没有别的地方能与它更接近了。卡里似乎很想买那幢相邻的房子，而且据他说，有些职员也竭力想买那幢房子。

当卡里第二次请约瑟夫去商讨买房之事时，约瑟夫却劝他买下钢铁公司本来租着的那幢旧楼房，同时还指出，相邻那幢房子中所能眺望的景色，不久便会被一个计划中的新建筑所遮蔽，而这幢旧房子还可以保全多年对江面景色的眺望。

卡里立刻对此建议表示反对，而且竭力加以辩解，表示他对这幢旧房子绝对无意。但约瑟夫·戴尔并不申辩，他只是认真地倾听着，脑子飞快地在思考着：卡里的意思是想要怎样呢？卡里始终坚决地反对买那幢旧房子，这正如一个律师在论证自己的辩护，然而他对那所房子的木料、建筑结构所给予的批评，以及他反对的理由，都是些琐碎的地方，显然可以看出，这并不是出于卡里本人的意见，而是出自那些主张买相邻那幢新房子的职员的意见。

约瑟夫听着听着，心里便明白了八九分，知道卡里说的并不是真心话，其实他心里真正想买的，却是他嘴上竭力反对的他们已经占据着的那幢旧房子。

由于约瑟夫一言不发地静静坐在那里听，没有反驳他，卡里也就停下来不讲了。于是，他们俩都沉默地坐着，向窗外望去，看着卡里非常喜欢的景色。

约瑟夫开始运用他的策略："先生，您初来纽约的时候，您的办公室在哪里？"

卡里沉默了一会儿说："什么意思？就在这所房子里。"约瑟夫等了一会儿，又问："钢铁公司在哪里成立的？"卡里又沉默了一会儿才答道："也是这里，就在我们此刻所坐的办公室里诞生的。"卡里说得很慢，约瑟夫也不再说什么。就这样过了5分钟，他们都默默地坐着，眺望着窗外。

终于，卡里意识到什么，激动地说："我的职员们差不多都主张搬出这幢房子，然而这是我们的发祥地啊。我们差不多可以说是在这里诞生、成长的，这里实在是我们应该永远长住下去的地方呀！"

于是，在半小时之内，这笔交易就成交了。

与商店销售不同，拜访销售能走进客户的生活，而商店销售不能。在传统机械化的销售过程中，销售员往往看不到隐藏在客户内心深处的真实想法，只有发挥左右脑感性思维优势深入思考并破解客户的深层心思，才能了解客户真正需要什么产品。

在这个案例中，房地产经纪人约瑟夫·戴尔就是因为破解了客户卡里的真实想法而成功签单。

首先，当约瑟夫劝说卡里买下其正在租用的旧房子时，卡里提出了很多反对意见，而约瑟夫只是在耐心地倾听，这是销售员出色的沟通能力的体现。在倾听过程中，约瑟夫收集到了重要的信息：在卡里的心中，潜伏着一种他自己并不十分清晰的、尚未察觉的情绪，一种矛盾的心理，即卡里一方面受职员的影响，想搬出这幢老房子；另一方面，他又非常依恋这幢房子，仍旧想在这里住下去。这些信息经过左脑的逻辑推理和分析判断，最后得出了结论：卡里真正想买的正是"他嘴上竭力反对的他们已经占据着的那幢旧房子"，这是左脑深入思考的结果。

其次，掌握了客户的真实需求后，约瑟夫开始运用策略进行说服。"您初来纽约的时候，您的办公室在哪里？""钢铁公司在哪里成立的？"这些看似随意、感性的提问，其实都是约瑟夫精心设计的，使左脑理性思维通过右脑感性思维展现出来。正是这些问题，巧妙地击中了卡里的隐衷，使其真实想法完全表露出来。最终，约瑟夫成功了，卡里买下了这幢旧房子。

约瑟夫·戴尔的成功，完全是因为他运用了自己左右脑感性思维的优势，洞悉了卡里的心思，而且巧妙地使用了攻心法。可见，作为销售员，不能只是机械地向客户销售产品，而要先破解客户的真实需求，这样才能取得事半功倍的效果。

换位思考更容易触动客户的神经

在美国零售业中，有一家很有知名度的商店，它就是彭奈创设的"基督教商店"。

有一次，彭奈到爱达华州的一个分公司里视察业务，他没有先去找分公司经理，而是一个人在店里"逛"了起来。

当他走到卖罐头的部门时，店员正跟一位女客户谈生意。

"你们这里的东西似乎都比别家贵。"女客户说。

"怎么会呢，我们这里的售价已是最低的。"店员说。

"你们这里的青豆罐头就比别家贵了三美分。"

"噢，你说的是绿王牌，那是次级货，而且是最差的一种，由于品质不好，我们已经不卖了。"店员解释说。

女客户有点不好意思。

店员为了卖出产品，就进一步说："吃的东西不像别的，关系一家人的健康，您何必省那三分钱。这种牌子是目前最好的，一般客户都用它，豆子的光泽好，味道也好。"

"还有没有其他牌子的呢？"女客户问。

"有是有，不过那都是低级品，您要是想要的话，我拿出来给您看看。"

"算了，"女客户面有愠色，"我以后再买吧。"连挑选出的其他罐头她也不要了，掉头就走。

"这位女士请留步，"彭奈急忙说，"您不是要青豆吗？我来介绍一种又便宜又好的产品。"

女客户愣愣地看着他。

"我是这里专门管进货的，"彭奈赶忙来个自我介绍，消除对方的疑虑，然后接着说，"我们这位店员刚来不久，有些货品不太熟悉，请您原谅。"

那位女士当然不好意思再走开。彭奈顺手拿过沙其牌青豆罐头，他指着罐头说："这种牌子是新出的，它的容量多一点，味道也不错，很适合一般家庭用。"

女客户接了过去，彭奈又亲切地说："刚才我们店员拿出的那一种，色泽是好一点，但多半是餐馆用，因为他们不在乎贵几分钱，反正羊毛出在羊身上，家庭用就有点划不来了。"

"就是嘛，在家里用，色泽稍微差一点倒是无所谓，只要不坏就行。"

"卫生方面您大可放心，"彭奈说，"您看，上面不是有检验合格的标志吗？"

这笔小生意就这样做成了。客户走后，分公司经理闻讯赶来，那位店员才知道彭奈原来是总公司的老板。

彭奈说："我看得出你是个热心于工作的店员，只是技巧不够，只要你肯用心，很快就会学会的。现在我把刚才的情形分析给你听。"

"当客户嫌东西贵时，虽然原因各有不同，但主要的原因是想买便宜的货物，你要能够站在客户的角度思考，了解他的需求后，再向他介绍合适的东西，要做到让客户心里有这样一种感觉：他买的是一种很适合他用的东西。以刚才的青豆罐头为例，客户既然嫌贵了，你就不应该再强调那种品牌如何如何的好，应该说：那种品牌的产品，定价都较高一点，我建议您用这种牌子的看看，东西也很不错，价钱则便宜了五分钱。假如你看她有了要买的意思，你要轻描淡写地说明这种产品的缺点，就像我刚才那样，让客户了解罐头内部的情况。你不妨这样说：很多客户吃了这种罐头都说，色泽虽然稍差一点，味道一点也不差。这样一交代，就符合我们不欺骗客户的原则了，而且还满足了客户的需求，对不对？"

分公司经理和店员都心服口服。

优秀的销售员会更多地关注客户而非产品本身，他们在销售之前往往会站在客户的角度来考虑问题。这与拙劣的销售员只顾向客户销售产品，而不站在客户的角度去考虑是否真正需要完全不同。这个案例就是通过换位思考而获得成功的典型案例。

店员与女客户谈生意，当客户提出东西贵了的时候，店员还是一味地销售贵的商品，而且让客户产生一种感觉：便宜的就是次等货。最后导致客户决定放弃购买。这个店员显然没有站在客户的角度考虑问题，也没有弄清客户的心理需求，这是一种典型的缺乏深入思考能力的表现。要知道，优秀的销售员要理解客户关注的并不是所购产品本身，而是关注通过购买产品能获得的利益或功效。

当女客户要离开时，彭奈的出现让销售"柳暗花明"了。"您不是要青豆吗？我来介绍一种又便宜又好的产品"，这句话一下子就触动了客户的神经，是销售员左右脑智慧的结晶（左脑的理性分析和右脑的敏感性）。接下来，彭奈又充分发挥了自己左脑的逻辑思维能力，从容量、味道、价钱等方面进行说服。

这笔生意的成功成交，关键就在于彭奈进行了换位思考，最终触动了客户的神经，最终做成了这笔小生意。

虚心接受客户"引以为荣"的想法

章琪华的工作是专门为房地产公司设计草图。他每周都要去拜访一位知名的室内装修设计师,销售自己的作品。可每次送上草图,这位设计师只是草草一看,便一口拒绝:"对不起,我看今天咱们又不能成交了。"

多次的失败使他得到了启发。一天,他拿着自己创作的六幅尚未完成的图纸,匆匆赶到设计师的办公室。这一次,他没有提出向设计师出售草图的事,而是说:"如果您愿意,我想请您帮一点儿小忙。您能否跟我讲一下如何才能画好这些设计图呢?"

设计师默默地看了一会儿,然后说:"三天以后你来拿吧。"

三天之后这位设计师很耐心地向章琪华讲了自己的构想。结果,章琪华按照设计师的意见完成的草图被全部采用了。

人人都希望别人能看好自己"引以为荣"的想法,客户也不例外。销售员要想获得客户的好感,就要虚心接受客户那些"高明"的想法。因为这会让客户觉得,好的想法都是客户靠自己的能力想出来的,而不要在客户面前证明你自己有多聪明,这样才能为成功销售产品奠定良好的基础。

在这个案例中,章琪华一开始没有注意到客户的这种心理需求,每次都是拿着自己设计的草图向客户销售,因此屡屡受挫。多次失败之后他开始思考对策(左脑理性思维习惯)。之后,当他再次见到设计师时,改变了以往的销售方式,说:"您能否跟我讲一下如何才能画好这些设计图呢?"这是一种右脑感性思维的体现,它源于销售员已洞悉了人性中的"自负"这一弱点,这个策略满足了设计师的这种心理需求,让客户引以为荣的能力得到了发挥的机会。因此,最终接受也就在情理之中了。

可见，作为一名销售员，一定要尊重自己的客户，使客户认为他在你心目中是个重要人物。尤其在销售不顺利时，一定要及时转换思路，这样才有成功的可能。

抓住时机巧妙地刺激客户

情人节的前几天，一位销售员去一客户家里销售化妆品。他当时并没有意识到再过两天就是情人节。

男主人出来接待销售员，他劝男主人给夫人买套化妆品。男主人似乎挺感兴趣，但就是不说买，也不说不买。销售员费了不少口舌，客户才说："我太太不在家。"

这可是一个不太妙的信号。忽然，销售员看到不远处街道拐角的鲜花店，门口有一招牌：送给情人的礼物——红玫瑰。他灵机一动，说："先生，情人节马上就要到了，不知您是否已经给您太太买了礼物。我想，如果您送一套化妆品给您太太做情人节礼物，她一定会非常高兴。"

男主人眼睛一亮。

销售员抓住时机又说："每位先生都希望自己的太太是最漂亮的，我想您也不例外。"

果然，那位先生笑了，开始问他化妆品的价钱。

"礼物是不计价钱的。"

于是一套很贵的化妆品就销售出去了。

需求是人们因生理、心理处于某种状态而形成的一种倾向。一个人若有某种需要，强烈的感觉是缺乏什么或期望什么。要善于看准对象，刺激他们的大脑，而且抓住介入的最佳时机。比如说，在口渴的情况下，人的感受就是身体缺少水，期望得到水，且只有喝上水才能消除这种感觉。销售也是一样，如果销售员能够抓住时机，提示客户需要什么，就很容易成交。

这个案例中的销售员就是抓住了情人节这个契机销售成功的。在开始时，销售员反复向男主人介绍化妆品的好处，劝其为夫人买一套，结果并不理想，这说明销售员利用左脑理性思维的策略已不能起到作用了，如果不及时转换策略，只能去拜访下一个客户了。

这时，销售员看见了花店门口"情人节"的招牌，于是，灵机一动（右脑感性思维发挥作用）："如果您送一套化妆品给您太太，她一定会非常高兴。"结果那位男主人果然心动了。当他询问价钱时，销售员又机智地说："礼物是不计价钱的。"最后化妆品以原价成交了。这是利用右脑感性思维制胜的典型策略。销售员正是抓住了"情人节"这个契机，发挥了自己右脑感性思维的优势，成功销售了化妆品。

由此可见，需要是被创造出来的，销售员只有开动自己的感性思维能力去刺激客户，就可以唤起客户购买的欲望。

第 3 章

大脑拒绝不了的"情感共鸣"

采用迂回策略消除客户的防范意识

菲亚电器公司的威伯先生在美国一个富饶的农业地区考察市场。

"为什么这些人不使用电器呢？"经过一家管理良好的农场时，他问该区的销售员。

"他们一毛不拔，你无法卖给他们任何东西。"销售员回答，"此外，他们对销售员敲门的做法火气很大，我试过了，一点希望也没有。"

也许真的是一点希望也没有，但威伯决定无论如何也要尝试一下，因此他去敲那家农舍的门。

门打开了一条小缝，一位老太太探出头来。一看到那位销售员，她立即就当着他们的面，把门砰的一声关上。威伯又敲门，她又打开了些。这次，她把对公司的不满一股脑儿地说了出来。

威伯说："太太，很抱歉，我们打扰了您。我们不是来这儿销售电器的，我只是要买一些鸡蛋罢了。"

她把门开大了一点，怀疑地瞧着他们。

威伯说："我注意到您那些招人喜欢的多明克鸡，我想买一磅鸡蛋。"

门又开大了一点。"你怎么知道我的鸡是多明克种？"她好奇地问。

"我自己也养鸡，"威伯回答，"但我从来没见过这么好的多明克鸡。"

"那你为什么不吃你自己养的鸡下的蛋呢？"老太太仍然有点怀疑。

"因为我养的鸡下的是白壳蛋。当然，您自己下厨，知道做蛋糕的时候，白壳蛋是比不上红壳蛋的。而我妻子以她做的蛋糕自豪。"

到这时候，老太太放心了，态度也温和多了。同时，威伯的眼睛到处打量，发现这家农舍有一间很好看的牛棚。

威伯说："我敢打赌，您养鸡赚的钱，比您先生养乳牛所赚的钱还要多。"

听了这话，老太太可高兴了！她兴奋地告诉威伯，她赚的钱确实比她丈夫赚得多。接下来，她邀请他们参观她的鸡棚。片刻间，她就与他们高兴地交流一些经验了。

没过多久，她告诉威伯，她的一些邻居在鸡棚里安装了电器，据说效果极好。她征求威伯的意见，问他安装电器是否值得……

两个星期之后，威伯把电器卖给了那个农场。

在销售初期，销售员往往会主动寻找客户并给客户介绍产品。然而，资深的销售员都知道，无论产品和品牌如何出众，若不能获得客户信任，销售过程就无法推进。这是因为，任何人都或多或少对销售人员有一种隔阂，认为他们不可靠，为了业绩能把死的说活。因此，销售初期，在与客户的初次接触中，打破客户这种固有的防范意识至关重要。

但是，信任是客户经过理性思考和检验后得出的结论。这就需要销售员能够充分利用左右脑感性思维能力，采用迂回的策略，把客户右脑的防范意识转化为左脑理性的信任，让潜在客户通过右脑认识销售人员，并用左脑建立信任。

我们知道，人的左脑关注的是利益，逻辑线索，理性思维，追求产品带来的利益、企业动机、企业职责，是局限的、短暂的；右脑关注的是友谊，模糊意识，感性思维，负责笼统地收集信息，而且含糊地进行判断，追求产品带来的感觉、个人动机、自我发展，是广阔的、长期的。

就如案例中的老太太一样，对一个陌生人，根据以往的经验是一定要防范的，要有警惕性，否则就容易上当受骗。所以，在一开始，老太太只是把门开了一条小缝，而且对他们的身份和目的持怀疑的态度。威伯不愧是一个经验丰富的销售员，见此情景，他知道当务之急就是要消除老太太的防范意识。于是，他采用了右脑感性思维策略，以为太太买红壳鸡蛋为由，逐渐获得了老太太的信任。门一点点地打开，最后老太太放心了，至此威伯已经把客户右脑的防范意识转化为了左脑理性的信任，最后成功地达到了销售电器的目的。

作为销售员，要知道，当初次拜访客户时，客户根据自己右脑的笼统建议和经验总结，想尽快结束会见是非常正常的反应。只要我们用对策略，就能消除客户的警惕意识，取得客户的信任，让客户觉得"这个人还是挺可靠的"，从而实现自己的销售目的。

利用情感因素强化客户的感性认识

蕾哈娜是一家证券公司的销售员，她经常去拜访一位老太太，打算以养老为理由说服老太太购买债券。为此，蕾哈娜常常与老太太聊天，陪老太太散步。经过一段时间，老太太就离不开她了，常常请她喝茶，或者和她谈些投资的事项。然而不幸的是，没过多久老太太突然去世了，这意味着蕾哈娜的生意泡汤了，但她仍然前往参加了老太太的丧礼。当她抵达会场时，发现竞争对手另一家证券公司竟也送来两只花圈，她很纳闷：究竟是怎么回事呢？

一个月后，老太太的女儿到蕾哈娜的公司拜访她。她说，她就是另一家证券某分支机构的经理的太太。她告诉蕾哈娜："我在整理母亲遗物时，发现您的好几张名片，上面还写了一些十分温馨的话，我母亲很小心地保存着。而且我以前也曾听母亲谈起过您，仿佛与您聊天是生活的快事，因此今天特地前来向您致谢，感谢您曾如此关心我的母亲。"

夫人深深鞠躬，眼角还噙着泪水，又说："为了答谢您的好意，我瞒着丈夫向您购买贵公司的债券。"然后拿出 40 万元现金，请求签约。对于这种突如其来的举动，蕾哈娜大为惊讶，一时之间，无言以对。

情感因素就在市场营销中扮演着重要的作用。有研究发现，纯粹以情感激发为内容的广告，比纯理性类广告高出一倍，同时略好于比两者结合体现的广告的表现。

在与客户沟通的整个过程中，要想赢得客户的好感，就要想办法利用情感因素来强化沟通，影响和激发客户的感性认识。这个案例就是以情感因素强化客户感性认识的典型案例。

在案例中，蕾哈娜为了销售债券，经常去拜访一位老太太，但她没有直接向老太太销售自己的产品，而是常常陪老太太聊天、散步，时间长了，老太太离不开她了。这是一种利用右脑感性思维主管的情感因素赢得客户好感的典型策略，通过关心老太太的生活，让老太太接受她、信任她、离不开她，然后再销售自己的产品。

在老太太突然离世后，这种情感因素有间接地影响和延续到了她女儿的身上。由于老太太经常在女儿面前提起蕾哈娜，为了表示对蕾哈娜的感谢，她才瞒着丈夫向蕾哈娜购买了价值 40 万元的债券。这是蕾哈娜利用右脑感性思维策略驱动客户购买。

可见，情感因素是原始的驱动力，能感化客户做出购买选择。所以，不仅要把产品铺到终端，更要把情感铺到客户大脑中。不要以为客户需要你的产品才会购买，有时客户并不需要你的产品，但你发挥右脑感性思维优势，为他们付出了令他们感动的关心和爱护，他们为了这份关爱，也会向你购买。

精彩的开场白可以赢得客户的共鸣

高佳瑜是一家计算机销售公司的销售员，他得知某省税务局将采购一些服务器，王副局长是这个项目的负责人，他正直敬业，与人打交道总是很严肃。高佳瑜为了避免两人第一次见面出现僵局，一直在思考一个好的开场白。直到他走进了税务局宽敞明亮的大堂，才突然有了灵感。

"王局长，您好，我是××公司的小张。"

"你好。"

"王局长，我这是第一次进税务局，进入大堂的时候感觉到很自豪。"

"很自豪？为什么？"

"因为我每个月都缴几千元的个人所得税，这几年加在一起有几十万了吧。虽然我算不上大款，但是缴的所得税也不比他们少。今天我一进税务局的大门，就有了不同的感觉。"

"噢，这么多。你们收入一定很高，你一般每个月缴多少？"

"根据销售业绩而定，有的销售员做得好的时候，可以拿到两万元，这样他就要交五六千元的个人所得税。"

"如果每个人都像你们这样缴税，我们的税收任务早就完成了。"

"对呀，而且国家用这些钱去搞教育、基础建设或者国防建设，对我国的经济发展大有益处。"

"不错。但是个人所得税是归地税局管，我们国税局不管个人所得税。"

"哦，我对税务不了解。我这次来的目的是想了解一下税务信息系统的状况，而且我知道您正在负责一个国税服务器采购的项目，我尤其想了解一下这方面的情况。我们公司是全球主要的个人电脑供应商之一，我们的经营模式能够为客户带来全新的体验，我们希望能成为贵局的长期合作伙伴。首先，我能否先了解一下您的需求？"

"哦，我们的需求要进入政府统一采购系统。当然，介绍一下我们的需求是可以的。"王局长平和地讲述具体情况。

美国教育学家布鲁姆研究发现，"一个带着积极情感学习课程的学生，比那些缺乏热情、乐趣或兴趣的学生，或者比那些对学习感到焦虑和恐惧的学生学习得更加轻松，更加迅速。"他强调，只有充分调动学生的情感因素，激起共鸣，才能引起学生对教学内容的高度关注，从而提高学生的课堂参与度。

把这种策略运用到销售中，也能起到非常好的效果。例如，在与客户面谈时，不应只是简单地向客户介绍产品，而是首先要与客户建立良好的情感关系，赢得与客户的共鸣。因此，一个好的开场白，对每个销售员来说无疑是打开销售局面的关键。

这个案例就是以精彩的开场白获得客户共鸣的经典实战案例。作为计算机销售公司的销售员，高佳瑜要拿下这个国税局的服务器采购项目，他知道开场白的重要性，因此在与客户见面之前就进行了精心思考和计划，这是左脑理性思维习惯。

当他走进国税局的大堂时，就有了灵感，这里则是销售员右脑感性思维能力的体现。在见到主管这个项目的王副局长后，他开口说："我这是第一次进税务局，进入大堂的时候感觉到很自豪。"这句话直接刺激了客户的右脑，对方感觉与你的距离一下子就拉近了，陌生感也消除了很多。客户在这种感觉的支配下，就会放松抵触意识，开始询问高佳瑜感到自豪的原因，这样高佳瑜就从税务局大堂过渡到个人所得税，最后非常自然地切入主题——国税局服务器采购项目。由于客户已经对高佳瑜建立了一定的共鸣，所以使双方下面的谈话进行得很顺利。

耐心倾听可以给客户被尊重的感觉

高云翔是一家自然食品公司的销售员。虽然自然食品已在市场风行好长一段时间，但一般家庭仍然对这种产品认识不清，不敢贸然购买，这使高云翔的业绩始终不见好转。

一天，高云翔还是一如往常，登门拜访客户。当她把芦荟精的功能、效用告诉客户后，对方同样表示没有多大兴趣。高云翔心想："今天又要无功而返了。"当她准备向对方告辞时，突然看到客户房间的阳台上摆着一盆美丽的盆栽，种着紫色的植物。

于是，高云翔好奇地请教对方说："好漂亮的盆栽啊！平常似乎很少见到。"

"确实很罕见。这种植物叫嘉德丽雅，属于兰花的一种，它的美，在于那种优雅的风情。"

"的确如此。一定很贵吧？"

"当然了，这盆盆栽要800元呢！"

"什么？ 800元……"

高云翔心里想："芦荟精也是800元，大概有希望成交。"于是她开始有意识地把话题转入重点。

"每天都要浇水吗？"

"是的，每天都要细心养育。"

"那么，这盆花也算是家中的一分子喽？"

这位家庭主妇觉得高云翔真是有心人，于是开始倾其所知传授所有关于兰花的学问；而高云翔也聚精会神地听，而且思考着如何通过兰花说服这位主妇购买自己的产品。

等客户谈得差不多了，高云翔趁机把刚才心里所想的事情提出来："太太，您这么喜欢兰花，一定对植物很有研究。您是一个高雅的人，同时您肯定也知道植物带给人的种种好处，比如能给我们一种温馨、健康和喜悦的感受。我们的自然食品正是从植物里提取的精华，是纯粹的绿色食品。太太，今天就当作买一盆兰花，把自然食品买下来吧！"

结果这位太太竟爽快地答应了。她一边打开钱包，一边还说："即使我丈夫，也不愿听我絮絮叨叨讲这么多，而你却愿意听我说，甚至能够理解我这番话，希望改天再来听我谈兰花，好吗？"

这次成功的销售经历，让高云翔受益匪浅，她把这个经验运用到以后的销售工作中，果然，业绩慢慢好转了。

日本销售大王原一平曾说过："对销售而言，善听比善辩更重要。"耐心倾听，可以减少客户的防范意识，得到对方的认同，甚至产生同感、知音的感觉，从而促进彼此的沟通了解。可以肯定地说，对于成功的销售，倾听所起的作用绝不亚于陈述与提问。通过倾听，还可以向客户表明：销售员十分尊重他们的需求，而且正在努力满足他们的需求。

就像案例中的销售员高云翔，在采用常规方法向客户销售产品未取得成效时，及时发挥了自己右脑感性思维的优势，以一句"好漂亮的盆栽啊！平常似乎很少见到"，让客户直观上产生被认同和尊重的感觉。在成功消除了客户的抵触意识后，客户还主动向她讲述了很多关于兰花的学问。而高云翔只是充当了一名听众，而且在适当的时候把话题从兰花引导到自己的产品上，从而为成功销售铺平了道路。

这个过程是销售员右脑感性思维能力的体现，通过耐心倾听对方的谈话，能在无形中提高对方的自尊心，加深彼此的感情，为销售成功创造和谐融洽的气氛。

利用感性的提问搜寻潜在销售机会

乔·吉拉德是世界上最有名的营销专家之一，他常常利用电话搜寻客户。

面对电话簿，吉拉德首先会翻阅几分钟，进行初步的选择，找出一些有希望成为客户的人的地址和姓名，然后再拨电话。

下面就是吉拉德在电话中和一位客户的对话："您好，柯太太，我是乔·吉拉德，这里是雪佛莱麦若里公司，您上周在我们这儿订购的汽车已经准备好了，请问您什么时候有时间来提车呀？"

这位太太觉得似乎有点不对劲，愣了一会儿才说："你可能打错了，我们没有订新车。"这样的回答其实早在吉拉德的意料之中，他接着问道："您能肯定是这样吗？"

"当然，像买车这样的事情，我先生肯定会告诉我。"

吉拉德又问道："请您等一等，是柯克莱先生的家吗？"

"不对，我先生的名字是史蒂。"

其实，吉拉德早就知道她先生的姓名，因为电话簿上写得一清二楚。

"史太太，很抱歉，一大早就打扰您，我相信您一定很忙。"

对方没有挂断电话，于是吉拉德跟她在电话中聊了起来："史太太，你们不会正好打算买部新车吧？"

"还没有，不过你应该问我先生才对。"

"噢，您先生他什么时候在家呢？"

"他通常6点钟回来。"

"好，史太太，我晚上再打来，该不会打扰你们吃晚饭吧？"

"不会。"

6点钟时，吉拉德再次拨通了电话："喂，史先生，我是乔·吉拉德，这里是雪佛莱麦若里公司。今天早晨我和史太太谈过，她要我在这个时候再打电话给您，我不知道您是不是想买一部新雪佛莱牌汽车？"

"没有啊，现在还不买。"

"那您大概什么时候准备买新车呢？"

对方想了一会儿，说道："我看大概十个月以后需要换新车。"

"好的，史先生，到时候我再和您联络。噢，对了，顺便问一下，您现在开的是哪种车？"

在打电话的过程中，吉拉德记下了对方的姓名、地址和电话号码，还记下了从谈话中所得到的一切有用的资料，譬如对方在什么地方工作，对方有几个小孩，对方喜欢开哪种型号的车，如此等等。

他把这一切有用的资料都存入档案卡片里，而且把对方的名字列入销售信的邮寄名单中，同时还写在销售日记本上。为了牢记这个销售机会，他还在日历上做了一个明显的记号。

就这样，从两三分钟的电话聊天里，吉拉德得到了潜在的销售机会。

感性提问就是指将提问情感化，将"情感"这根主线贯穿于向客户沟通的全过程，也就是采用充满人情味的提问方式。

销售过程中，沟通通常是销售人员语言表达的情感传递。而沟通的意义取决于对方听到了什么，而不单单是销售人员想表达什么。正如沟通中说什么并不重要，重要的是对方听到了什么。所以，我们必须了解客户的思维方式是怎样的，他们是如何进行信息的读取、筛选、编码。然后，用适当的方式与客户进行沟通，不仅仅关注、设法满足客户的需求，同时也影响客户的需求，让客户在不知不觉中受到企业、产品、销售人员的引导。

所以，在与客户沟通过程中，最重要的是掌握好与客户追求目的的最佳结合点，销售人员应该将自己定位成客户的知心朋友，对客户要充满关心，帮助客户解决疑虑等问题。

当然，要使沟通向着有利于销售员的方向进行，就需要销售员事先进行精心准备，而且在沟通的过程中充分发挥自己右脑的感性能力。

就像案例中的销售大师吉拉德，他在打电话前先对目标客户进行筛选，而且设计好了开场白，这是一个使用左脑理性思考的过程。

接下来，在与客户沟通的过程中，他又开始通过右脑感性思维进行感性的沟通，"您先生他什么时候在家呢？""那您大概什么时候准备买新车呢？""顺便问一下，您现在开的是哪一种车？"等等。这些都是感性的提问，是销售员左脑理性思维能力在右脑形式下的完美体现。通过与客户有效的沟通，吉拉德收集了宝贵的客户资料，获得了潜在的销售机会。

以朋友介绍的名义拜访，客户不会太抵触

张钧宁辞职"下海"后做起了销售日用化妆品的工作，由于是新手，又摸不清客户的心理，一连几天都没有把东西销售出去，业绩很不理想，因此她心里焦急万分，想打退堂鼓。

不料，这时突然"柳暗花明"了。一天，她去一家商店推销时，正好碰上了以前高中时的同学王雅繁。在得知张钧宁正在销售化妆品后，王雅繁为她介绍了一个熟人——一位百货公司化妆品部经理。

张钧宁高兴极了，第二天她就登门拜访了这位经理。

"您好，是李总吗？我是王雅繁的朋友，是她介绍我认识您的。王雅繁是我高中同学，而且同桌了一年，比我大一岁。"

"是吗，你好，我也很长时间没见到她了，不知道她最近怎么样了。"

"我昨天刚碰到过她了，她最近挺好的，在进修国际贸易，她总是那么爱学习。她对您赞誉有加，说您勇于打破一切常规，敢于从零做起，她相当欣赏您。"

"真的吗？"

"她说您在学生时代还看不出什么，但是没想到进入社会后就慢慢崭露头角。您有朝一日必定大有作为，所以还要请您多多关照、多多提拔。"

"哪里，过奖了。"

"听王雅繁说，你们在大学读书时经常利用节假日去学校附近的江边做野炊，江里边有个小岛，叫作什么岛来着？"

"孔雀岛。"

"对，对，孔雀岛，上面肯定有很多孔雀吧。听说有一次你们在岛上野炊，忽然下起大雨，江面突然涨水了，平日干涸的河段也涨满水，你们差点回

不来了。

"我听着都感到挺有趣的。想来，您亲身经历过，应该感触更深吧！"

"你们那班的朋友，现在还都有联系吧？"

"也没有，有好多朋友失去了联系。"

"说得也是，离开学校后，各有各的事业，各有各的前程，天各一方的，联系起来就没有那么容易了。"

"李总，不好意思，只顾谈你们的过去，忘了自我介绍。我叫张钧宁，现在从事的是化妆品销售工作。我想，在这方面您一定可以帮到我。"

"……"

"现在化妆品比较走俏，市场也很大。"

"可是，质次价高，名不副实，也不好经营，我们现在正在为这个问题发愁呢！"

"李总，我们公司新近研制出了几个型号，现在正在开拓市场。"

"那你说说看。"

于是，张钧宁认真地将准备好的内容说了一遍，得到了李总的认同，签订了合同。

经过这件事以后，张钧宁也有了信心，慢慢地摸索出了一套寻找客户的方法，销售业绩日趋上升，也不再想着转行了。

在销售过程中，销售员以朋友介绍的名义去拜访新客户，这个新客户要想拒绝销售员是比较困难的，因为如果他这样做就等于拒绝了他的朋友。这个案例中张钧宁就是通过朋友的关系成功拿下一个新客户的。

在案例中，日用化妆品销售员张钧宁偶遇高中同学王雅繁，在王雅繁的介绍下，去拜访某百货公司的化妆品部经理。见到客户后，张钧宁自报家门说："我是王雅繁的朋友，是她介绍我认识您的。"我们知道，面对陌生人，任何人脑子里本能地会产生警惕意识。如果在销售员刚开始就说明自己与介绍人的关系，客户的警惕性就会减少很多。这是一种利用右脑感性思维的典型策略。

然后，张钧宁又向客户传达了介绍人的近况，以及介绍人对客户的评价、客户以前的趣事等，让客户逐渐感知到，这个人确实是朋友介绍来的，可以信任（左脑感性的判断），这对销售起到了很好的促进作用。

最后，张钧宁又顺势引导客户到自己的销售目的上来，由于客户已经对销售员建立了好感和信任，接下来的谈话也就非常顺利了，张钧宁成功地拿下了这个新客户。

可以起到润物细无声效果的"温情销售"

瑞恩·希里杰克是英国的一家企管咨询公司的业务主管。几天前，刚刚入冬，气候寒冷，他难得起了个大早，干脆就早一点到公司去。

离上班时间还有一个半小时，再加上当天又特别寒冷，瑞恩·希里杰克很想到公司附近找家咖啡屋喝杯热咖啡。找到了几家，走了进去，结果所获得的回答都是"还没开始营业"，或者是"八点钟再来吧"等。

一天的好心情被这几家咖啡屋搞得很糟糕。几乎准备放弃之际，瑞恩·希里杰克又走进一家咖啡店，问："开始营业了吗？"对方说："开始了，请进、请进，外面天儿冷。"

其实这家咖啡屋离营业时间也还有 20 分钟，但是店员能够设身处地替客户着想，所以把瑞恩·希里杰克招呼进去，而且告诉瑞恩·希里杰克说："××先生，不好意思，您的咖啡还在准备中，请先看一看报纸，等一下。"说着递过来一份《都市早报》，"在哪里工作？上班路程远吗？这天气挺冷的，要多穿衣服啦。"和室外的寒冬相比，这家贴心的咖啡屋，令人备感温暖。

10 分钟后，店员把一杯热腾腾的咖啡送到瑞恩·希里杰克的面前。"先生，不好意思，让您久等了，请慢用。"瑞恩·希里杰克心里大为受用，相比前几家咖啡屋的做法，瑞恩·希里杰克甚为感动，而且打定主意，以后都到这家咖啡屋来消费。

用完咖啡后，请老板结账，老板微笑地对他说："先生，您是本咖啡屋今天的第一位客户，我们又耽搁了您一些时间，我们决定，您的咖啡只需付一半的费用，以表我们的歉意。并谢谢您光临本店。"

从那以后，瑞恩·希里杰克就经常光顾这家咖啡店了，而且还推荐同事们去。

消费升级时代已经到来，要想拉近与客户之间的距离，除了为他们提供优质的产品，更要满足他们的情感诉求。这就是我们所说的"温情销售"。也就是通过温馨真挚、感人的言语文字或图片等形式，销售自己的产品或服务，让客户感受到温暖，吸引客户购买产品。这是一种新型的销售模式。

所以，作为销售员，从第一次接触到客户以后的每次联系，都要善待客户，珍惜客户，处处为客户着想。只有这样，才能把你的产品和形象"润物细无声"地印刻在客户的大脑中。

在此案例中，瑞恩·希里杰克因出门较早，想要喝杯热咖啡，却因为营业时间未到而接连被几家咖啡店拒绝，这让瑞恩·希里杰克感觉很不舒服。这几家咖啡店看似是在按照规定办事，其实是不懂变通的表现，他们这么做会让客户直观地感受到被冷遇（右脑的感性思维），当客户连续感知到这些令人不愉快的信息后，自然会对他们产生排斥意识。要知道，第一个出现在客户大脑中的产品，往往是客户的首选。

当瑞恩·希里杰克走进最后一家咖啡店时，却受到了热情的接待，还有老板真诚的问候和关心，而且结账时只有一半的费用，只是因为让瑞恩·希里杰克多等了几分钟。这样的服务可以称作一种"温暖人心"的服务，了解客户的心情，了解客户的处境，变通一下，客户自然会感动不已，从而获得客户的好感。同样，瑞恩·希里杰克也决定以后常到这家咖啡屋来消费。

运用示弱、赞同，争取理解、获得同情

郑雪喜是一家计量设备公司的销售员，与客户接触一段时间后，客户对他们的产品很满意，现在客户提出了价格问题，希望他再降几万。

客户："我知道你们的计量设备的水平、品质都是一流的，这个我们公司内部都是认同的，没有任何争议。所以，老板吩咐我还是与你们谈一次，这个价格确实比准灵公司的精准计量仪贵了一倍，你让我们怎么决定呢？"

郑雪喜："李总，准灵的设备你们也不是不知道，它们便宜是有原因的，在实际计量中你们在乎的不仅是精准，还在乎时间，快速给出精确到微米的数字。在测量各种材料的光谱中，我们的计量仪器不仅准确而且快速，在测量后你们的客户等着要结果，你们能让他们等那么长时间吗？再说……"

还没有说完，李总抢着说："郑雪喜，这个我们不是不知道，不然还不是早就给准灵公司下单了，我也不会这么远跑过来找你谈。"

"这样好吧，李总，到底什么价位您可以接受，您给我一个数，决定得了，我绝不为难您。要是差太多，那就是您让我为难了。其实您也知道，在公司里我也不过就是一个干销售的，从早到晚东奔西跑，没有一天踏实日子，还都是听老板的，您到底能接受什么价位，请直说，我听着。"

"降个 10 万这个要求不过分吧？"

郑雪喜一直注意着李总，保持着笑脸，从微笑到夸张地笑。李总有些诧异，接着说："到底怎么样？成不成，给个话？"

"绝不过分，我要是您，比您还要狠。您是甲方，您的要求就是我们做乙方的首要义务，不过，我也是靠工作生活的人，也就是说您决定着我们这些销售员的工资。您也知道，我没有决定权，我给您请示经理，您看成吗？"

"那你什么时候决定，我们现在手上的单子也积压了，就等着设备呢！要不，你现在就请你们经理，咱们中午一起吃个饭，这事就定了，怎么样？"

"李总，我比您还想做这个单，都跟了这么长时间了，您给准灵下单完成您的任务，我可就惨了。所以，无论如何这个单不能没有发展，我这就去请经理，咱们吃饭时一起说，您一定要多对经理说好话，告诉他明年你们在广州开分公司，这次定了，下次还会再合作。还有，您也可以说你们的伙伴也有需求，您说这些也就是帮我了，成吧？"

"好说，好说，这不就成了吗？"

一顿丰盛的午餐后，经理同意了8万元的让价，李总推荐了他的3个也有计量设备需求的合作伙伴，双方都得到了想要的，形成了双赢合作。

我们习惯于同情弱者，完美的、强硬的人往往只会增加我们的对抗欲和戒备，那些有缺点和不足的人反而能增加其亲和力，与他们相处起来也不会感到压抑。而且，几乎每个人都有一种天生的嫉妒心理，弱势则能化解别人心中的那份嫉妒，激发别人心中的同情心。所以，如果你想获得更多的签单，就要学会示弱，让客户不忍心说"我不需要"。

真正聪明的销售员是善于示弱的，就像当年的刘备，当曹操问他天下谁是英雄时，他大智若愚般地乱说一气，实则是在表露自己"不识英雄"的弱点，以获取曹操的信任。对于销售人员来说，这种示弱定律更应该牢记心头，努力给客户留下易于亲近的印象。

这时候，就需要销售员能积极发挥自己右脑感性思维的优势，让客户直观地感受到你也"不容易"，削弱其理性判断的能力。这个案例就是一个利用右脑感性思维技巧成功签单的典型实战案例。

在此案例中，客户首先提出价格问题，要求供应商降价，郑雪喜开始时使用的是左脑理性的逻辑思维策略："李总，准灵的设备你们也不是不知道，它便宜是有原因的……"

这些都是基于利益陈述的思路。但是，由于客户已经完全认可了这些利益，因此，再次使用这些利益让客户接受价格就已经无效了，所以客户打断了郑雪喜的陈述。

这个陈述遇到挫折后，郑雪喜迅速转移到右脑感性思维："这样好吧，李总，到底什么价位您可以接受，您给我一个数……""绝不过分，我要是您，比您还狠……"这些都是典型的右脑感性思维策略，充分示弱，而且赞同对方的观点，可获得客户一定程度的同情。

"李总，我比您还想做这个单，都跟了这么长时间了……"这句话也是一种右脑感性思维策略，就是要求客户有一定程度的配合承诺，共同争取自己的经理。

总之，在整个案例中，郑雪喜有效应用了示弱、赞同、争取理解、获得同情等右脑感性思维技巧。这些技巧作用于客户的右脑，让他们产生了感性的认识——你值得同情。

运用"谈恋爱"技巧去感化客户

著名的空中客车公司是法国、德国和英国等国合营的飞机制造公司，该公司生产的客机质量稳定、性能优良。但是，在20世纪70年代，公司刚刚成立时，外销业务一时难以打开。为改变这种被动局面，公司决定招聘能人，将产品打入国际市场。贝尔那·拉第埃正是在这一背景下受聘于该公司的。

当时，正值石油危机，世界经济衰退，各大航空公司都不景气，飞机的外销环境相当艰难。虽然如此，拉第埃还是挺身而出，决定大展身手。

拉第埃走马上任遇到的第一个棘手问题是和印度航空公司的一笔交易。由于这笔生意未被印度政府批准，极有可能会落空。在这种情况下，拉第埃匆忙赶到新德里，而且会见谈判对手印航主席拉尔少将。

拉第埃到了新德里之后，几次约将军洽谈，都未能如愿。最后他总算找到了拉尔将军。但他在电话里只字不提飞机合同的事，只是说："我到加尔各答去，专程到新德里以私人名义来拜访将军阁下，只要10分钟，我就满足了。"拉尔勉勉强强地答应了。

秘书引着拉第埃走进将军办公室，板着脸嘱咐说："将军很忙！请勿多占时间！"拉第埃心想：太冷漠了，看来生意十有八九要告吹。

"您好，拉第埃先生！"将军出于礼貌伸出了手，想三言两语把客人打发走。

"将军阁下！您好！"拉第埃真挚、坦率地说："我衷心向您表示谢意，感谢您对敝公司采取如此强硬的态度。"

将军一时莫名其妙。

"因为您使我得到一个十分幸运的机会：在我过生日的这一天，又回到自己的出生地。"

"先生，您出生在印度吗？"将军微笑了。

"是的！"拉第埃打开了话匣子，"1929 年 3 月 4 日，我出生在贵国名城加尔各答。当时，我的父亲是法国歇尔公司驻印度代表。印度人民是好客的，我们全家的生活得到了很好的照顾。"

拉第埃动情地谈了他对童年生活的美好回忆："在我过 3 岁生日的时候，邻居的一位印度老大妈送我一件可爱的小玩具，我和印度小朋友一起乘坐在大象背上，度过了我一生中最幸福的一天。"

拉尔将军被深深感动了，当即提出邀请说："您能来印度过生日太好了，今天我想请您共进午餐，表示对您生日的祝贺。"

自然，午餐是在亲切融洽的气氛中进行的。

当拉第埃告别将军时，这宗大买卖已经拍板成交了。

有时候，销售员与客户的交际好像在"谈恋爱"，能够把恋爱技巧运用到销售上的人很容易成功者。试想一下，如果销售员与客户一见面就大谈商品、谈生意，谈些深邃难懂的理论，那他往往会失败。因为客户对销售员的警戒是出于感性的，是右脑的正常反应。化解这种警惕意识，利用比较感性的方式去感化，以右脑对右脑，无疑是非常有效的销售策略。

就像这个案例中的拉第埃，在非常被动的情况下，面对警惕意识很强的谈判对手，他采用了右脑感性策略。首先，他说："是您使我有机会在我生日这一天又回到了我的出生地。"这句话既巧妙地赞美了对方，又引起了对方听下去的兴趣。接着，他介绍了自己的身世，消除了对方"反销售"的警惕和抵抗意识，拉近了双方的距离。

可以说，拉第埃的这次生意，是情感销售的完美范例，他一系列的做法目的都是影响客户的右脑，促使客户在右脑感知下做出购买决策。

巧妙地调动起客户的情感

美国有一家公司，推出了一本名叫《美化你的生活》的新书，他们估计这本书必定畅销，于是向全国各地发征订单。可是事与愿违，征订单的回收率很低。为此，公司负责征订业务的丽莎闷闷不乐，郁郁寡欢。

这时，公司经理走了进来，打趣地说："丽莎的神态太引人注目了，如果能淌下眼泪就更加动人了。"

丽莎本来就不高兴，让经理这么一说，更增添了烦恼，果然眼眶里转动着泪珠。

"啪"的一声，经理拍下了丽莎哭泣的照片。

第二天，这家公司又向各地重新发了一份征订单。许多客户都看得津津有味。原来，征订单上有一张彩照，照的是丽莎如泣如诉的动人形象，下面还有文字说明：征订小姐因为收不到征订单正在哭泣。

人们受了感染，不管原先想不想订书，都大笔一挥签好了征订单寄出去。

征订单纷至沓来，丽莎有些手忙脚乱，但笑逐颜开。

经理又走进门来，高兴地说："丽莎，你的笑容更迷人了！"说着，"啪"的一声，又拍下了一张照片。

不几天，那些订阅书刊的客户又收到了一份函件，上面又有一张彩照，照片是丽莎笑容可掬的形象，下面也有文字说明：征订小姐向各位订户致谢！

从此，凡是这家公司寄来的征订单，他们都会想起征订小姐哭泣和欢笑的面容，都乐意填写，欣然惠顾。

在销售过程中，如果能够调动客户的感情，让客户倾情参与，事情就好办多了。

这个案例中的公司就是因为巧妙地激发了客户的情感才获得大量订单的。

案例中的公司推出一本新书，本以为会畅销，但事与愿违，征订单的回收率很低。这说明是客户理性思考而做出的决定：自己并不需要这本书，因此拒绝签单。

负责征订业务的丽莎非常苦恼，她的神态被经理发现，而且产生了灵感（右脑感性思维能力的体现），把丽莎哭泣的照片发给了各地的客户。正如经理所料，客户都受了感染，纷纷签了征订单。经理的做法是一种通过右脑思考的典型策略，目的就在于激发客户内心的情感，影响客户通过右脑思考，而放弃原来的理性思维。后来，公司又寄出了丽莎笑容可掬的照片，使客户对自己的做法更加深信不疑，由此还建立了忠诚的客户关系。

由此可见，在销售过程中，如果销售员能够发挥自己的右脑优势，激发起客户的情感，那么就会更容易地销售自己的产品，从而获得更高的销售业绩。

消除客户习惯性的抵触思维

戴先生是一家杂货店的老板,他为人顽固保守,非常讨厌别人向他推销产品。一天,香皂厂的销售员刘炜来店铺推销香皂。但是,他还没开口,戴先生就大声喝道:"你来干什么!我什么都不需要。"

刘炜非但未被吓倒,反而满脸笑容地说:"先生,您猜我今天是来干什么的?"

戴先生毫不客气地回敬道:"你不说我也知道,还不是向我销售你们那些破玩意儿!"

刘炜听后哈哈大笑,说:"您老人家今天可真猜错了,我今天来可不是向您销售的,而是求您老向我销售的。"

戴先生一下就愣住了:"你要我向你销售什么?"

刘炜回答:"我听说您是这一地区最会做生意的,香皂的销量最大,我今天来是向您老讨教一下您的销售方法。"

戴先生活了一辈子,也没有人登门求教,于是,他便兴致勃勃地向刘炜谈起其生意经。直到刘炜起身告辞,刚走到门口,戴先生像突然想起什么似的,大声说:"喂,请等一等,听说你们公司的香皂很受欢迎,给我订30箱。"

大家都知道,拒绝之于销售,如同生命之于呼吸,非常正常,没有拒绝就没有销售,我们在销售中被客户拒绝是常有的事,这就得需要我们得从各个方面去寻找原因。对于有经验的销售人员,他们总是善于利用心理学方面的知识去衡量客户,其实这只是单方面的。更多的我们得需要结合思维引导的方式去了解客户隐藏的真正需求。尤其在向客户推荐产品之前,一定要对客户的性格和心理进行透彻的研究，通过一系列的问题让客户做出肯定的回答是必要的。

实际上，客户在以往的生活经历中形成的一些习惯性思维，是右脑的功能。就像案例中的戴先生已经在右脑中对销售员形成了一种习惯性的抵触思维，只要见到销售员，不管是销售什么的，也不管自己是否需要他们的产品，一律采取拒绝的态度。这时候，如果销售员刘炜坚持向戴先生介绍自己的产品如何好，结果必然是遭到更坚决的拒绝。

刘炜是一个善用左右脑感性思维销售产品的高手，当他意识到戴先生有一些习惯性的抵触意识时，决定变化策略，以向戴先生请教销售方法为名取得他的好感，让对方慢慢放松警惕，减少敌意，最终达到销售的目的。

左右脑互动维护与老客户的关系

高磊鑫是一家健身俱乐部的电话营销人员，她的主要工作就是通过电话推广一种健身会员卡。该俱乐部共有 15 个电话营销团队，每个团队 10 人。在高磊鑫刚加入俱乐部时，她所在团队的整体业绩排在最后一名，在她工作三个月后，该团队的业绩上升到了第一名，她个人业绩也排在全俱乐部第一名。

当问到她的成功经验时，高磊鑫毫不掩饰地透露了她的秘密：每个月的前 20 天寻找新客户，后 10 天维护老客户。

她举了一个维护老客户的例子。

高磊鑫："贺总，您好！我是高磊鑫，最近在忙什么呢？"

贺总："高磊鑫啊，你好，你好，最近出了趟差，刚回广州。"

高磊鑫："怪不得我这几天都没看到您来我们这儿锻炼身体了，出差挺辛苦的，什么时候到我们这儿放松一下？"

贺总："明天我就约几个朋友过去打网球。"

高磊鑫："您的朋友都有我们的会员卡了吗？"

贺总："哦，想起来了，他们还没有呢。"

高磊鑫："那赶紧给他们办呀！"

贺总："如果同时办三张，你们有没有优惠？"

高磊鑫："同时办三张没有优惠，俱乐部规定同时办五张可以打 8 折。"

贺总："我只有这三个要好的朋友，买多了也是浪费呀！"

高磊鑫："请问贺总，您平时除了运动之外，还有其他爱好吗？"

贺总："偶尔和几个朋友打打牌什么的。"

高磊鑫："打牌赌钱吗？"

　　贺总："我们都玩得很小，还谈不上赌。"

　　高磊鑫："您抽烟吗？"

　　贺总："抽烟啊！"

　　高磊鑫："这还不简单，省下您买烟和打牌的钱就可以多买两张卡了。以后就不要打牌了，有时间就直接到我们这儿锻炼锻炼身体，我这就给您办啦，您明天带朋友过来就可以立即拿卡了。"

　　贺总："好啊，我说不过你，要不你到我公司来上班吧，怎么样？"

　　高磊鑫："谢谢贺总，我现在到您公司去还不是时候，等到有一天，我在这家公司把本领练习到炉火纯青时，再到您公司去才有价值呀。说好了，您明天一定要过来哦，我已经给您申请了五张年度卡，每张卡打八折，共8000元，明天直接过来拿就好了。"

　　贺总："好吧。"

　　这是一个典型的依靠关系赢得客户的例子。高磊鑫依靠以往与客户建立的合作关系来完成新的销售，这同时也是一个利用左右脑的博弈成功销售的过程。

　　在案例的开始，高磊鑫就透露了她成功的秘密：每个月的前20天寻找新客户，10天维护老客户。这完全是一个左脑与右脑进行经验总结后得出的方法。维护老客户凭借的就是双方以前建立的良好关系获得新订单。

　　高磊鑫在与老客户贺总通话时，以闲聊的方式开始，直接作用于客户的右脑，让客户感觉销售员是在关心自己，而不是向自己推销商品。然后高磊鑫又以客户工作辛苦、需要放松为由，邀请客户来俱乐部健身。当客户说"明天我就约几个朋友过去打网球"时，高磊鑫捕捉到这个机会，趁机询问贺总的朋友有无会员卡，成功地让双方的谈话转移到自己的业务上来，体现了销售员高超的右脑感性思维能力。

在接下来的谈话中，高磊鑫一直在使用自己的右脑感性思维能力，同时把客户的思维也固定在通过右脑思考上，最后成功销售出 5 张会员卡。

与客户长期接触，"温和地销售"

托马斯是一位保险经纪人，高尔夫球是他最喜欢的娱乐之一，在打高尔夫球时，总能得到彻底放松。在上大学期间，托马斯是格罗斯高尔夫球队的队长。

虽然如此，但他的首要原则就是在打高尔夫时不谈生意，尽管接触的一些极好的客户事实上就是他所在的乡村俱乐部的会员。托马斯习惯于把个人生活与生意区分开来，他绝不希望人们认为他是利用关系来销售。也就是说，在离开办公室后，托马斯不会把个人的娱乐与生意搅在一起。

托马斯这样做并不是说所有的高尔夫球伴都不是他的客户，只是说他从不积极地怂恿他们同他做生意。但从另一个角度来讲，当他们真心要谈生意时，托马斯也从不拒绝他们。

吉米是一家建筑公司的经理，该公司很大而且能独自提供用于汽车和家具的弹簧。

托马斯与吉米在俱乐部玩高尔夫球双人赛。他们在一轮轮比赛中玩得很高兴。后来，过了一段时间，他们就经常在一块玩了。他们俩球技不相上下，年龄相仿，兴趣相投，尤其在运动方面。随着时间的推移，他们的友谊逐渐加深。

很显然吉米是位再好不过的客户。既然吉米是位成功的商人，那么跟他谈论生意也就没有什么不正常。然而，托马斯从未向吉米建议做他的证券经纪人。因为，那样就违背了托马斯的原则。

托马斯和吉米有时讨论一些有关某个公司某个行业的问题。有时，吉米还想知道托马斯对证券市场的总体观点。虽然从不回避回答这些问题，但托马斯也从未表示非要为他开个户头不可。

吉米总是时不时地要托马斯给他一份报告，或者他会问："你能帮我看看佩思尼·韦伯的分析吗？"托马斯总是很乐意地照办。

一天，在晴朗的蓝天下，吉米把手放在托马斯肩膀上说："托马斯，你帮了我不少忙，我也知道你在你那行干得很出色。但你从未提出让我成为你的客户。"

"是的，吉米，我从未想过。"

"那么，托马斯，现在告诉你我要做什么，"他温和地说，"我要在你那儿开个账户。"

托马斯笑着让他继续说下去。

"托马斯，就我所知，你有良好的信誉。就以你从未劝我做你的客户这点来看，你很值得我敬佩，实际上我也基本遵守这一点。我同样不愿意与朋友在生意上有往来。现在既然我这样说了，我希望你能做我的证券经纪人，好吗？"

接下来的星期一上午，吉米在办公室给托马斯来电话开了个账户。随后，吉米成了托马斯最大的客户。他还介绍了几个家庭成员和生意往来的人，让他们也成了托马斯的客户。

作为一个优秀的销售员，应该了解何时该"温和地销售"，何时该默默地走开。富裕的人往往会对他人保持提防，对于这些极有潜力的未来客户，销售员应该尽力接近他们而不是让他们从一开始就抱有戒心。

就像这个案例中的销售员托马斯，喜欢打高尔夫球，也因此结识了很多有实力的客户，但他并没有利用这个机会去推销，而是把个人娱乐和生意分开，与球伴建立了很好的关系，这是建立信任、赢得客户好感的一种典型策略，也常常能取得非常好的效果。托马斯赢得了与他一起打球的某公司的总经理吉米的敬佩，对方主动要求与他做生意，于是，吉米成了托马斯最大的客户。

　　这桩看似轻而易举的生意，其实是与客户长期接触，赢得客户的信任与尊重而获得的。这其中，与客户长期接触时的言谈尤其重要，不能流露出功利心，这也是托马斯取得成功的关键。

赞扬客户是赢得其好感的润滑剂

乔治·伊斯曼因发明了感光胶卷而使电影得以诞生，他积累了一笔高达1亿美元的财产，从而使自己成为世界上最有名望的商人之一。

伊斯曼曾经在曼彻斯特建过一所伊斯曼音乐学校。同时，为了纪念他母亲，还建立一个著名戏院。当时，纽约高级座椅公司的总裁亚当森想得到这两幢大楼的座椅订货生意。他同负责大楼工程的建筑师通了电话，约定拜见伊斯曼先生。

在见伊斯曼之前，那位好心的建筑师向亚当森提出忠告："我知道你想争取到这笔生意，但我不妨先告诉你，如果你占用的时间超过了5分钟，那你就一点希望也没有了，他是说到做到的，他很忙，所以你得抓紧时间把事情讲完就走。"

亚当森被领进伊斯曼的办公室，伊斯曼正伏案处理一堆文件。

过了一会儿，伊斯曼抬起头来，说道："早上好！先生，有事吗？"

建筑师先为他俩彼此做了引见，然后，亚当森满脸诚意地说："伊斯曼先生，在恭候您的时候，我一直很羡慕您的办公室，假如我自己能有这样一间办公室，那么即使工作辛劳一点我也不会在乎的。您知道，我从事的业务是房子内部的木建工作，我一生还没有见过比这更漂亮的办公室呢。"

伊斯曼回答说："您提醒我记起了一样差点儿已经遗忘的东西，这间办公室很漂亮，是吧？当初刚建好的时候我对它也是极为欣赏。可如今，我每来这儿时总是盘算着许多别的事情，有时甚至一连几个星期都顾不上好好看这房间一眼。"亚当森走过去，用手来回抚摩着一块镶板，那神情就如同抚摩一件心爱之物，"这是用英国的栎木做的，对吗？英国栎木的组织和意大利栎木的组织就是有点儿不一样。"

伊斯曼答道："不错,这是从英国进口的栎木,是一位专门同细木工打交道的朋友为我挑选的。"

接下来,伊斯曼带亚当森参观了那间屋子的每一个角落,他把自己参与建造的部分一一指给亚当森看。他还打开一只带锁的箱子,从里面拿出他的第一卷胶片,向亚当森讲述他早年创业时的奋斗历程。

伊斯曼情真意切地说到了小时候家中一贫如洗的惨状,说到了母亲的辛劳,说到了那时想创业的愿望,讲了怎样没日没夜地在办公室搞实验等。

"我最后一次去日本的时候买了几把椅子运回家中,放在玻璃日光室里。可阳光使之褪了色,所以有一天我进城买了一点漆,回来后自己动手把那几把椅子重新油漆了一遍。你想看看我漆椅子这活干得怎么样?好吧,请上我家去,咱们共进午餐,饭后我再给你看。"

当伊斯曼说这话的时候他俩已经谈了两个多小时了。吃罢午饭,伊斯曼先生给亚当森看了那几把椅子,每把椅子的价值最多只有 1.5 美元,但伊斯曼却为它们感到自豪,因为这是他亲自动手油漆的。对伊斯曼如此引以为荣的东西,亚当森自然是大加赞赏。最后,亚当森轻而易举地取得了那两幢楼的座椅生意。

人的大脑进化得很有意思,其中一个特点就是容易记住快乐的事,同时很快淡忘不愉快的经历,大脑的这个特点对人类的发展有很正面的作用,毕竟,"做人呢,最紧要就是开心",开心才能活得长长久久。

因此,在与客户沟通中,赞扬客户对获得客户好感及改善与客户的关系有明显的作用。这考验的是销售员的右脑感性思维能力。

就像这个案例中的亚当森,当他想得到伊斯曼两幢大楼的座椅订货生意时,就直接约见伊斯曼先生,在未见到他本人时就被告知:"如果你占用的时间超过 5 分钟,那你就一点希望也没有了。"通过这个信息,亚当森知道如果自己见面就谈生意，结果肯定是失败，于是他决定改变策略，这是左脑理性思考的结果。

在见到伊斯曼之后，他第一句话就是"我一生还没有见过比这更漂亮的办公室呢"，这是利用右脑感性思维能力的典型策略，通过赞扬客户获得对方的好感。果然，伊斯曼先生的态度比想象的要好很多。

接下来，在亚当森参观伊斯曼办公室的过程中，他不断地表现自己的专业素质，使伊斯曼相信自己是个绝对的内行，逐步树立起专家的形象，这是左脑理性思维能力在销售中的体现，获得了客户进一步的好感和信任。

最后他们还去了伊斯曼的家里共进午餐，亚当森对伊斯曼引以为傲的东西都大加赞赏一番，让双方的关系进一步加深，右脑策略达到了最佳效果。最终，亚当森取得那两幢楼的座椅生意也就是水到渠成的事情了。

热情接待客户，用情感拴牢客户

莫妮卡是一家雪佛莱汽车销售店的销售员。一天，一位中年妇女走进莫妮卡的展销室，说她只想在这儿看看车，打发一会儿时间。她想买一辆福特轿车，可大街上那位销售员却让她一小时以后再去找他。另外，她告诉莫妮卡已经打定主意买一辆白色的双门厢式福特轿车，就像她表姐的那辆。她还说："这是给我自己的生日礼物，今天是我 55 岁生日。"

"生日快乐！夫人。"莫妮卡说。然后，莫妮卡找了一个借口说要出去一下。返回的时候，莫妮卡对她说："夫人，既然您有空，请允许我介绍一种我们的双门厢式轿车——也是白色的。"

大约十五分钟后，一位女秘书走了进来，递给莫妮卡一束玫瑰花。"这不是给我的，"莫妮卡说，"今天不是我生日。"莫妮卡把花送给了那位妇女。

"祝您生日快乐！尊敬的夫人。"莫妮卡说。

显然，夫人很受感动，眼眶都湿润了。"已经很久没有人给我送花了。"她告诉莫妮卡。

闲谈中，她对莫妮卡讲起她想买的福特轿车。"那个销售员真是差劲！我猜想他一定是因为看到我开着一辆旧车，就以为我买不起新车。我正在看车的时候，那个销售员却突然说他要出去收一笔欠款，叫我等他回来。所以，我就上你这儿来了。"

最后，这位女士在莫妮卡这儿买了一辆雪佛莱轿车。

人们做任何事都是为了满足各种心理需求，我们销售也是如此的，客户在购买产品的时候希望得到心理的满足，希望被重视，销售人员可以利用好客户的这种心理，巧妙地促使客户购买自己的产品。

　　我们在销售中，要关注客户的需求，让客户感受到这种重视，这样客户才会接受你，不要只是自顾自地给客户讲自己的产品，反而忽略了对客户的尊重和感谢。作为销售人员，你要明白一点，在销售过程中客户就是上帝，你要想让客户购买你的产品，你要做的是让客户心理感到被尊重。只有你尊重、重视了你的客户，你才会有销售成功的可能性。这个案例就是一个用情感拴牢客户的实战案例。

　　案例中的女客户本想购买一辆福特轿车（这是用左脑做出的决策），但福特车行的销售员却并未热情接待她，只是因为看到她开了一辆旧车，就以为她买不起新车。销售员的右脑仅凭直观的感觉收集了错误的信息，导致左脑做出了错误的判断。而他的行为表现直接影响了客户右脑的感知，让客户感觉自己不被重视，更没有建立起对销售员的信任感。于是，客户放弃了在此购买汽车的决定。销售员也就失去了一笔生意。

　　当这位女士走进雪佛莱车行时，却受到了销售员莫妮卡的热情接待，当得知今天是女客户的生日时，莫妮卡又及时送上一束鲜花，这让女客户深受感动。这是利用右脑感性思维成功打动客户的典型策略，体现了销售员高超的右脑感性思维能力，让客户在右脑感性思维的控制下，做出感性的购买决策。

第 4 章

让你的产品给客户深刻的感官烙印

大脑的博弈：左脑考虑价值，右脑考虑价格

有一位客户到 A 家具店想购买一把办公椅子，A 销售员带客户看了一圈。

客户："那两把椅子价钱怎么算？"

A 销售员："那把较大的是 300 元，另外一把是 650 元。"

客户："这一把为什么比较贵，在我们外行看来这一把应该更便宜才对！"

A 销售员："这一把进货的成本就快要 600 元了，只赚您 50 元。"

客户本来对较大的那把 300 元的椅子有一点兴趣，但想到另外一把居然要卖 650 元，那较大的那把椅子的品质一定粗制滥造，因此，就不敢买了。

客户又走到隔壁的 B 家具店，看到了两把同样的椅子，打听了价格，同样的 300 元及 650 元，客户就好奇地请教 B 销售员。客户："为什么这把椅子要卖 650 元？"

B 销售员："先生，请您过来，两把椅子都坐一下，比较比较。"

客户依着他的话，两把椅子都坐了一下，一把较软，另一把稍微硬一些，坐起来都挺舒服的。

销售员看客户试坐完椅子后，接着告诉客户："300 元的这把椅子坐起来比较软，您会觉得很舒服，而 650 元的椅子您坐起来觉得不是那么软，这是因为椅子内的弹簧数不一样。650 元的椅子由于弹簧较多，绝对不会因变形而影响到您的坐姿。不良的坐姿会让人的脊椎骨侧弯，很多人腰痛就是因为长期不良坐姿引起的，光是多出弹簧的成本就要多出将近一百元。而且您看这把椅子旋转的支架是纯钢的，它比一般非纯钢的椅子寿命要长一倍，它不会因为过重的体重或长期的旋转而磨损、松脱，要是

这一部分坏了的话，椅子就报销了。因此，这把椅子的平均使用年限要比那把多一倍。

"另外，这把椅子虽然外观看起来不如那把豪华，但它完全是依照人体科学设计的，坐起来虽然不是很软，但却能让您坐很长的时间都不会感到疲倦和腰酸背痛。一把好的椅子对长年累月伏案办公的人来说，实在是非常重要。这把椅子虽然不是那么显眼，但却是一把精心设计的好椅子。老实说，那把300元的椅子中看不中用，使用价值没有这把650元的高。"

客户听了B销售员的说明后，心里想：还好只贵350元，为了保护我的脊椎，就是贵500元我也会购买这把设计精良的好椅子。

在销售失败的原因中，没有达成一致的价格是其中很重要的一个原因。这个案例就是针对价格问题而设计的，教大家如何运用左右脑博弈的策略来化解客户的价格异议。

在这个案例中，A家具店的A销售员面对客户的价格质疑，只是采取了常规的解释方法，当然不能令客户满意，而且还在客户的大脑中形成了便宜椅子品质不好的猜想，销售必然是以失败而告终。

当客户来到B家具店，面对客户同样的价格质疑，B销售员采取了截然不同的销售方法，他首先让客户坐到椅子上去亲自体验一下两把椅子的不同，从而在客户的右脑中建立对两把椅子的初步认识，在此基础上，他又利用自己的左脑优势，深入分析了两把椅子的不同之处及贵椅子的种种好处，从而把客户的思维从右脑（考虑价格）转移到左脑（考虑价值），而且取得客户的认同，成功地销售了一把650元的椅子。

成功的销售员都应该知道，在通常情况下，客户用左脑考虑可以得到多少价值，而听到价格右脑通常的反应就是太贵。这时候就需要销售员能够读懂客户的左右脑，而且灵活运用自己的左右脑，以实现销售的目的。

陈述产品利益，让客户大脑产生深刻印象

谢国志所工作的打字机销售公司生意不错，从早上开门到现在已经卖出去好几台打字机了，当然谢国志的功劳是很大的。此时又有一位客户来询问打字机的性能。他介绍道："新投放市场的这类机型的打字机采用电动控制装置，操作时按键非常轻巧，自动换行跳位，打字效率比从前提高了15%。"

他说到这里略加停顿，静观客户反应。当谢国志发现客户已开始注视打字机时，他觉得进攻的途径已经找到，可以按上述路子继续谈下去，而此时介绍的重点在于，把打字机的好处与客户的切身利益挂钩。

于是，他紧接着说："这种打字机不仅速度快，可以节约您的宝贵时间，而且售价比同类产品还略低一点！"

他再一次打住话题，专心注意对方的表情和反应。正在听讲的客户显然受到这番介绍的触动，脑子里正在思量："既然价格便宜又可以提高工作效率，那它准是个好东西。"

就在这时，谢国志又发起了新一轮攻势，此番他逼得更紧更近了，他用聊天拉家常的口吻对客户讲道："先生看上去可是个大忙人吧，有了这台打字机就像找到了一位好帮手，工作起来您再也不用担心时间不够了，下班时间也可以比以前早，这下您就有时间跟太太常伴在一起了。"谢国志一席话说得对方眉开眼笑，开心不已。谢国志一步步逼近客户的切身利益，抓住对方关心的焦点问题，成功地敲开了客户的心扉，一笔生意自然告成。

真正成功的销售往往是将产品和品牌特性与客户的思维和行为习惯进行深度结合的结果。我们销售的过程其实就是在与客户大脑的互动和交流，

首先得了解客户，并从客户需求的角度出发和思考，从而有针对性地把产品植入客户的大脑。不光是产品特性的输出与内容的简述，更需要具有趣味性的话题、图文，并且形式越简单越好。

因此，如何用利益陈述法加深在客户大脑中的深刻印象才是关键。在特征、优点以及利益的陈述方法中，只有利益陈述法是需要双向沟通来建立的。但要想让利益陈述法发挥最大的作用，还需要销售员配合利用左右脑感性思维。

就像这个案例中的打字机销售员谢国志，他就是在左右脑的相互配合下，利用利益陈述法实现成交的。

在开始时，他只是简单、准确地介绍了打字机的优点（左脑理性思维能力），接下来仔细观察客户的反应，这是一种试探性的观察，目的在于寻找进攻的突破口，只有善于察言观色（右脑感性思维能力）的销售员才能做到这一点。

当发现客户已开始对打字机产生兴趣时，他才进一步谈下去，针对客户的需求，把打字机的好处与客户的切身利益挂钩，深入到客户的内心，让客户觉得如遇知音。这个过程需要销售员对自己的产品非常熟悉，且有很强的逻辑思考能力，是销售员左脑理性思维能力的完美体现。

熟悉产品的性能，建立专家印象说服客户

李伟利是一家润滑油销售公司的销售员。有一天，他到一家汽车修配件厂去销售产品的时候，发现这家配件厂的货架上堆满了其他商家的同类产品，如美国美孚、英荷的壳牌（SHELL）润滑油等。这家汽车配件厂牌子比较硬，资格也比较老，在当地具有一定的影响力，而该店老板又是个比较有远见的三十出头的年轻人。

面对着这样的客户，李伟利并没有退缩，他将自己公司的润滑油的性能数据一一地介绍给老板，比如它采用复合纳米铜添加剂，节能、抗磨、抗氧化是复合纳米铜添加剂最突出的特点，在常规状态下，纳米铜颗粒在润滑油中稳定存在。但在摩擦过程中，在摩擦副高温、高压的条件下，纳米铜颗粒会在摩擦表面产生沉积、渗透等一系列物理、化学变化，修复摩擦表面的凹处和细微裂纹，而且形成高强度的合金保护膜，从而大大降低磨损，表现出良好的减摩抗磨作用。

正当老板在一边思考的时候，李伟利的话引起了在一旁休息的一辆宝马车主的兴趣，李伟利索性把他所知道的知识全部倒出来，告诉车主，实验室评定和实际行车试验显示，这种大小为 2～7 纳米的复合纳米铜颗粒具有优异的极压抗磨性能、突出的减摩性能、优良的抗氧化性能等特点，可以平均降低磨损 20%～50%。比如，在 SJ 级汽油机油中加入 1/1000 的纳米铜润滑油节能抗磨添加剂后，摩擦系数可降低 30%，磨损度可降低 34%，燃油经济性提高 5%，平均油耗可降低 1.44%～3.90%。这一结果表明，在现有润滑油中加入微量复合纳米铜添加剂，即可明显降低汽车发动机的摩擦、磨损及油耗。

最后，这位车主是被李伟利的知识折服了，出于对自己需要的考虑，

这位车主提出要订购他的润滑油，该店老板也同意了以后购买这个牌子的润滑油。

　　在与客户的初次接触中，给客户留下专家印象还是朋友印象会引发不同的客户感受。人们都非常信奉专家和权威，总认为专家说的话可信度是很高。在销售当中也是一样，客户面对卖相同产品的两个商家，他往往最后被吸引的就是那个对产品的专业度更高的那家。所以，销售员的专业知识是促成成交的一个很重要的因素，一定要非常重视。

　　就像这个案例中的润滑油销售员李伟利，他在与客户见面后，发现客户已经引进了很多同类产品，而且还都是名牌产品，老板又很年轻，根据这些信息进行分析，李伟利觉得首先应该给客户留下一个专家印象，这样才有可能打动客户。这是一个左脑收集信息并进行思考的过程，是销售员左脑理性思维能力的体现。接下来，他进一步发挥了自己的左脑实力，利用丰富的专业知识，充分阐释了产品的优越性能，最终说服了客户。

把话说到点子上才能刺激客户的购买欲

电子产品柜台前，一位电子产品销售员正在向客户销售游戏软盘。

销售员："看您这年纪，您孩子快上中学了吧？"

客户愣了一下："对呀。"

销售员："中学是最需要开发智力的时候，您看，这些游戏软盘对您孩子的智力提高一定有很大的帮助。"

客户："我们不需要什么游戏软盘。孩子都快上中学了，哪敢让他玩游戏呢？"

销售员："这个游戏卡是专门针对中学生设计的益智游戏，它把游戏与数学、英语结合在一块儿，绝不是一般的游戏盘。"

客户似乎有听下去的意思。

销售员连忙说："现在是知识爆炸的时代，不再像我们以前那样只是从书本上学知识了。您不要以为玩游戏会影响学习，以为这个游戏盘是害孩子的，游戏盘设计得好也可以成为孩子学习的重要工具。"

接着，销售员又取出一张磁卡递给客户，说："这就是新式的游戏卡。来，我给您展示一下。"

渐渐地，客户被吸引住了。

销售员趁热打铁："现在的孩子真幸福，一生下来就处在一个开放的环境中。家长们为了孩子的全面发展，往往投入了很大的精力。刚才有好几位像您这样的家长都买了这种游戏卡，家长们都很高兴能有这样既能激发孩子学习兴趣，又使家长不再为孩子玩游戏而着急的产品，还希望以后有更多的系列产品呢！"

客户动心了，开始询问价钱。

最后，客户心满意足地购买了几张游戏软盘。

出色的口才是左右脑感性思维能力的体现，它不仅体现在口齿伶俐、思维敏捷，还体现在善于安排说话顺序，即语言要有逻辑性，把话说到点子上。对于销售员来说，良好的口才是说服客户的利器，是把握主动权的保证。这个案例中，销售员就是凭借自己出色的口才实现交易的。

销售员说："看您这年纪，您孩子快上中学了吧？"这是一种利用感性思维的典型提问，是销售员根据经验得出的结论。

当得到客户肯定的回答后，销售员马上把自己的游戏软盘与中学生的智力开发问题联系起来，而且把游戏软盘定位于帮助孩子学习的重要工具。我们知道，家长是非常重视孩子学习和智力开发的，销售员这样说就说到点子上了，把核心卖点植入到了客户的大脑中。在这个过程中，销售员左脑的逻辑思维通过右脑感性思维得到了很好的展现。果然，客户被打动了，交易做成了。

在这个案例中，销售员充分发挥了自己左右脑感性思维的优势，巧妙地运用了口才艺术，一步一步、循循善诱，吸引了客户的注意力，激发了客户的购买欲望。

适时抓住客户的兴趣强化其感性认识

有一个中年男子到玩具柜台前闲逛，销售员李华热情地接待了他。男子顺手把摆在柜台上的一只声控玩具飞碟拿起来。

李华马上问："先生，您的孩子多大了？"

男子回答："6岁！"接着把玩具放回原位。

李华说："您的孩子一定很聪明吧？这种玩具刚刚到货，是最新研制的，有利于开发儿童智力。"她边说边把玩具放到柜台上，手拿声控器，开始熟练地操纵玩具飞碟，前进、后退、旋转，展示了玩具飞碟的各种性能，同时又用自信而且肯定的语气说："小孩子玩这种用声音控制的玩具，可以培养出强烈的领导意识。"说着，便把另一个声控器递到男子手里，说："试试吧，和孩子一起玩，多好。"

于是那位男子也开始玩了起来。这时李华不再说话了。大约两分钟后，男子停下来端详玩具，一脸的兴奋。

李华见机会来了，进一步介绍说："这种玩具设计很精巧，玩起来花样很多，比别的玩具更有吸引力，孩子肯定会喜欢，来买的客户很多的。"

男子说："嗯，有意思，一套多少钱？"

李华仍然保持着微笑："先生，好玩具自然与低劣玩具的价格不一样，况且跟发展孩子的领导才华比起来，这点钱实在是微不足道。要知道孩子的潜力是巨大的，家长得给他们发挥的机会。您买这种玩具不会后悔的。"她稍停一下，拿出两节崭新的干电池说，"这样吧，这两个新电池免费奉送！"说着，便把一个原封的声控玩具飞碟，连同两节电池，一同塞进包装用的塑料袋递给男子。

男子接过袋子说："不用试一下吗？"

李华说:"绝对保证质量! 如有质量问题, 三天之内可以退换。"男子付了款, 高高兴兴地提着玩具走了。

客户一旦对什么产生了兴趣, 一般会立即表现出一种情绪上的兴奋, 表明客户正在通过右脑进行思考, 正处于感性状态下, 这时销售员一定要抓住使客户产生兴奋的"只言片语", 及时重复和反问, 或者主动介绍, 以强化客户的兴趣, 达到销售的目的。

就像这个案例中的销售员李华, 当她看见客户拿起玩具后, 就知道客户已经对这个玩具产生了一定的兴趣, 这时她及时上前询问。当得知客户的孩子 6 岁时, 她又把玩具与培养领导意识等联系起来, 而且为客户展示玩具的各种性能, 让客户的兴趣进一步被激发出来。这个过程完全取决于销售员的右脑感性思维能力, 既要能够察言观色, 又要能随机应变, 针对不同的客户需求使用不同的销售技巧。

当客户询问价钱时, 她又把价钱与玩具能为孩子带来的好处相比较(抓住客户望子成龙的心态), 而且免费赠送两节电池(右脑感性思维策略), 销售员这些策略的目的都是在强化客户的右脑感知, 把客户的思维始终控制在通过右脑思考上, 最终让客户做出购买决策。

把客户的意识带入演示的剧情中

一家公司经销一种新产品——适用于机器设备、建筑物清洗的洁神牌清洗剂。

老板布置任务后，大家纷纷带着样品去拜访客户。

依照过去的经验，销售员向客户销售新产品时最大的障碍是：客户对新产品的性能、特色不了解，因此不会轻易相信销售员的解说。但销售员赵中却有自己的一套办法。

他前去拜访一家商务中心大楼的管理负责人，对那位负责人说：“您是这座大楼的管理负责人，一定会对既经济效果又好的清洗剂感兴趣吧。就贵公司而言，无论是从美观还是从卫生的角度来看，大楼的明亮整洁都是很重要的企业形象问题，您说对吧？”

那位负责人点了点头。赵中又微笑着说：“洁神就是一种很好的清洗剂，可以迅速地清洗地面。”同时拿出样品，“您看，现在向地板上喷洒一点清洗剂，然后用拖把一拖，就干干净净了。”

他在地板上的污迹处喷洒了一点清洗剂。清洗剂渗透到污垢中，需要几分钟时间。为了不使客户觉得时间长，他继续介绍产品的性能以转移客户的注意力。“洁神清洗剂还可以清洗墙壁、办公桌椅、走廊等处的污迹。与同类产品相比，洁神清洗剂还可以根据污垢程度不同，适当地用水稀释几倍，它既经济方便，又不腐蚀、破坏地板、门窗等。您看，”他伸出手指蘸了一点清洗剂，“连人的皮肤也不会伤害。”

说完，销售员指着刚才浸泡污渍的地方说：“就这一会儿的工夫，您看效果：清洗剂浸透到地面上的坑洼中，使污物浮起，用湿布一擦，就干净了。”随后拿出一块布将地板擦干，“您看，多干净！”

接着，他又掏出白手绢再擦一下清洗干净的地方："看，白手绢一尘不染。"

再用白手绢在未清洗的地方一擦，说："您看，脏死了。"

赵中巧妙地把产品的优异性能展示给客户看，客户为产品优异的性能所打动，于是生意成交了。

心理学上有个概念叫"剧场效应"，它最早是由法国教育家卢梭提出：一个剧场，大家都在看戏。每个人都有座位，大家都能看到演员的演出。忽然，有一个观众站起来看戏（可能是为了看得更清楚，也可能因为身高较矮），周围的人劝他坐下，他置若罔闻，求助剧场管理员，管理员却不在岗位。于是，周围的人为了看到演出，也被迫站起来看戏。最后全场的观众都从坐着看戏变成了站着看戏。人在剧场里看电影或看戏，感情与意识容易被带入剧情之中；另外，观众也互相感染，也会使彼此感情趋于相对一致。

一些成功的销售员也把"剧场效应"运用到销售活动中，同样取得了较好的效果。他们当众进行产品演示，边演示边解说，渲染了一种情景氛围，直接作用于客户的右脑，让那些本来有反对意见的人和拒绝该产品的人在右脑的影响下，做出购买的决策。

就像这个案例中的清洗剂销售员，面对客户对产品不熟悉的情况，没有单纯地采用"说"的销售方法，而是发挥了自己右脑感性思维的优势，一边为客户演示产品一边解说，把产品的性能充分展示给客户，当客户的右脑感知到这确实是一种好产品时，于是生意成交了。其实，销售员演示的过程完全出自于左脑的周密计划，它通过右脑感性思维的形式有步骤地建立起一种氛围，在一种虚化的感觉中，让客户采取决策步骤。

通过利益解说让客户理性思考后做决策

董辉是一家配送车销售公司的销售人员，其业绩一直都荣登公司销售排行榜榜首，当有人向他讨教销售方法时，他将他的成功归结于他一向采用的利益说服策略。他还向讨教者们介绍了一次他运用此策略成功销售的过程：。

董辉："刘处长、张科长，你们好。感谢你们能抽出时间来，同时要再次感谢你们能协助我对贵企业配送车的使用现状做调查，让我能提出更适合贵企业的建议案。

"一辆好的配送车，能比同型货车增加21％的载货空间，而且节省30％的上下货时间。根据调查显示，贵企业目前配送的文具用品体积不大，但大小规格都不一致，而且客户多为一般企业，客户数量多且密集，是属于少量多次进货的形态。

"一趟车平均要装载50家客户的货物，因此上下货的频率非常高，挑选费时，而且常有误拿的情形发生。如何正确、迅速地在配送车上拿取客户采购的商品，是提高效率的重点。这点是否处长和科长也能同意？"

刘处长："对，如何迅速、正确地从配送车上拿出下一家客户要的东西是影响配送效率的一个重要因素。"

董辉："另外，配送司机一天中大部分时间都在驾驶位上，因此驾驶位的设置要尽可能舒适，这就是配送司机们一致的心声。张科长也提到，由于车子每天长时间在外行驶，车子的安全性绝对不容忽视。的确，一辆专业配送车的设计，正是要满足上面这些功能。

"本企业新推出的专业配送车××（拿出该型号车的设计图纸、说明书等材料展示给刘处长他们看），正是为满足客户对提高配送效率而专门开发设计出来的。它除了比一般同型货车超出了 15% 的空间外，而且设计有可调整的陈放位置，可依空间大小的需要，调整出 0 ～ 200 个置物空间，最适合放置大小规格不一致的配送物，同时能活动编号，依号码迅速取出配送物。贵企业目前因为受制于货车置货及取货的不便，平均每趟只能配送 50 个客户，若使用此种型号的配送车，可调整出 70 个置物空间，经由左、右门及后面活动门依编号迅速取出客户所要的东西。

"配送车的驾驶座，如活动的办公室。驾驶室的位置调整装置能依驾驶人的特殊喜好而做适当的调整。座椅的舒适度，绝对胜过一般内勤职员的椅子，而且右侧特别设置了一个自动抽取式架子，能让配送人员书写报表及单据，使配送人员能感到企业对他们的尊重。

"由于配送车在一些企业并非专任司机使用，而采取轮班制，因此，车子的安全性方面的考虑更是重要。×× 型配送车有保护装置、失误动作防止、缓冲装置等。电脑安全系统控制装置，能预先防止不当的操作带给人、车的危险。贵企业的配送人员也常有轮班、换班的情形，使用本车能得到更大的保障。"

刘处长："×× 型配送车听起来不错。但目前我们的车子还没到企业规定的汰旧换新的年限，况且停车场也不够。"

董辉："处长您说得不错。停车场地的问题，的确给许多成长的企业带来一些困扰。贵企业业务在处长的领导下，每年增长 15%，为了配合业务成长，各方面都在着手提升业务效率。若贵企业使用 ×× 型配送车，每天平均能提升 20% 的配送量，也就是可以减少目前 1/5 的配送车辆，相对也可以节省 1/5 的停车场地。

"虽然贵企业的车子目前仍未达企业规定的使用年限，淘汰旧车换新车好像有一些不合算。的确，若是贵企业更换和目前同型的车子，当然不合理，可是若采取 ×× 型专业配送车，不但可以因提高配送效率而降低整体的配送成本，而且还能节省下停车场地的空间，让贵企业两年内不需为停车场地操心。

"据了解，目前贵企业 50 辆配车中有 10 辆已接近汰旧换新年限，是否请处长先同意选购 10 辆 ×× 专业配送车，旧车我们会以最高的价格估算过来。"在董辉充分地进行了利益解说之后，客户同意签订了购车合同。

在销售过程中，如果销售人员能全力刺激客户的大脑产生购买欲望，成交或许就是一件易如反掌的事了。一般来说，客户的购买欲望取决于对满足需要方式的选择；客户的购买欲望多来自客户的情感而不是理智；情理并重才能强化与维持客户的购买欲望；激发购买欲望必须依据大量信息；一个理由不能激发所有客户的购买欲望。因此，成交离不开销售员通过利益解说策略刺激客户的购买欲望。

利益解说策略是指销售员用适合客户需求的产品特性和利益，进行有针对性的解说，从而使得客户通过左脑理性分析，最终接受产品的策略。这种策略，对于专业的销售员而言，是必须掌握的。其中，利益是指产品能给客户带来的益处，能够满足客户哪些方面的需求。因此，利益解说是一种以左脑对左脑的销售策略。

在本案例中，董辉通过对客户的调查，发现了他们对配送车的需求特征，就是要提高效率。而提高效率的关键点，在于客户配送的产品大小规格都不一致，导致每一辆车的装载量少、装卸速度慢。这是左脑思考事实得出的结论。

在明确了客户的具体需求后，董辉便有针对性地解说他们公司所提供的配送车的利益点了："它除了比一般同型货车超出了 15% 的空间外，而且设计有可调整的陈放位置……同时能活动编号，依号码迅速取出配送物。"

在客户说明原来的车还没有到企业规定的汰旧换新的年限且停车场也不够时，董辉更是抓住时机说明使用 ×× 配送车的利益点："每天平均能提升 20% 的配送量，也就是可以减少目前 1/5 的配送车辆，相对也可以节省 1/5 的停车场地。""若采取 ×× 型专业配送车，不但可以因提高配送效率而降低整体的配送成本，而且还能节省下停车场地的空间，让贵企业两年内不需为停车场地操心。"

最后，董辉根据客户的实际情况，建议将其中 10 辆接近汰旧换新年限的车换成 ×× 型专业配送车。

在整个销售解说过程中，董辉一直在使用自己的左脑，牢牢地把握住客户的需求，并结合自己产品的特性和利益来解说 ×× 型专业配送车，让客户在左脑的思考下做出购买决定。

用听得懂的语言介绍，客户更容易理解

唐艺昕是一家销售 PC 保护屏公司的销售员。在销售这一产品时会用到很多专业的词语，客户很难理解，所以小王就把那些难懂的术语形象化，让自己的客户能够很好地理解。

有一次，唐艺昕的公司想把这一产品销售给当地的一家企业，但经过数次的公关说服，都没能打动这家企业的董事长们。

突然，唐艺昕灵机一动，想到以表演的方式代替口头游说。他站在董事会前，把一根棍子放在面前，两手捏紧棍子的两端，使它微微弯折，说道："各位先生，这根棍子只能弯到这个程度。"（说完这句话，他把棍子恢复原状。）

"所以，如果我用力过度，这根棍子就会被毁坏，不能再恢复原状。（他用力弯曲棍子，超过棍子的弹性度，于是它的中央出现折痕，再也不能恢复本来笔直的形状。）

"它就像人们的视力只能承受到某个程度的压力，如果超过这个程度，视力就难恢复了。相信贵公司的领导和员工们会经常接触到电脑，而且时间肯定也比较长，那么电脑对身体的伤害就不言而喻了。而我们的产品不但能够抵御电脑的各种辐射，还能够缓解眼睛疲劳。"

结果，该公司董事会筹足资金，向唐艺昕购买了一批 PC 保护屏。

人们总是偏好于选择容易走的那条路，大脑喜欢简单的事情，所以预测客户行为最有效的方式，就是找到最容易的行为。让事情变得容易有两个维度，一个是行动上的便利，用更简单的操作获得相同的结果；另一个是精神上的放松，在做同样的事情的时候让客户感觉到更加惬意。

　　跟客户沟通也是一样的道理，越是通俗易懂的语言，越容易被客户理解和接受。如果客户不能理解该信息的内容，那么这个信息便产生不了它预期的效果。客户能理解产品对他的意义，却不一定了解一些专门术语。

　　所以，销售员在语言使用上要多用通俗化的语句，要让自己的客户听得懂。销售员对产品和交易条件的介绍必须简单明了，表达方式必须直截了当。表达不清楚，语言不明白，客户会很难理解，最终会影响成交。此外，销售人员还应该使用每个顾客所有的语言和交谈方式。所以，销售员首先要做的就是要用客户明白的语言来介绍自己的商品。

　　在这个案例中，我们看到，销售 PC 保护屏的销售员唐艺昕在与客户谈判时，灵机一动想了一个好办法（右脑感性思维开始发挥作用）：用一根棍子的弯曲度来解释电脑对人体造成的危害程度，结果这种形象化的语言取得了很好的效果，客户向唐艺昕购买了一批 PC 保护屏。

　　这个案例中的唐艺昕就是在谈判中及时发挥了右脑感性思维的优势，通过把那些难懂的术语形象化，让客户充分理解后成功签单的。

量化产品缺点，客户左脑会形成准确认识

莱恩·桑德斯是一位金牌销售员。一天，一家房地产开发公司的老板找到他，希望他能帮自己一个忙。这位老板完成了一个大工程，整个工程共有 250 幢房屋。过了几年，大多数房屋被售出去了，只剩下了 15 幢。这些未被售出的房屋距离铁路轨道旁的路障只不过 20 英尺远，而每天火车要在这条铁路上经过三次！

几个月之后，那 15 幢房屋仍然没有被售出，显然，老板已经有点心灰意冷了。他找到莱恩·桑德斯，开门见山地说道："你是不是想让我降低价格，然后把它们交给你？"

"不，先生。"莱恩·桑德斯反驳说，"恰恰与您说的相反，我建议您再把价格抬高一些。而且我会在月底之前将它们全部售出。"

"都两年半了还无人问津，你竟说能在一个月内全部售出？"老板一点都不相信。

"当然，您必须按我说的去办。"

"请直言。"老板说着，身子很悠闲地靠在椅背上。

"您应该清楚，先生，如果一个不动产经纪人有房屋出售，人们可以在任何时间前来看房。"莱恩·桑德斯开始向他讲述，"好，现在我们不妨别出心裁。我们把这些房屋连成一组，专门在火车通过的时候向客户们展示。"

"上帝啊！"老板说道，"那些该死的火车正是这些房屋不能被售出的首要原因啊！"

"别着急，听我往下讲。"莱恩·桑德斯冷静地说，"我们规定只能在上午 10 点和下 3 点观看这些房屋，这就引起了人们的好奇。我想我们在所

展出的房屋前面立一块大的标语牌，上面写上这些房子与众不同，进来才能知道其中奥秘。"

"然后呢？"

莱恩·桑德斯继续道，"我希望您为每间房屋提供 300 美元，用这笔钱为每间房子装一台大屏幕彩电。"老板听从了莱恩·桑德斯的建议，购买了十五台彩电。

火车将于预定的"参观"时间五到七分钟后通过。也就是说，在火车呼啸而过之前，莱恩·桑德斯只有三分钟的时间为客户们讲解。

"欢迎大家的光临，请进！"莱恩·桑德斯向聚在门口的参观者致意，"我之所以请你们在这个时间到来，是因为我们这里每幢房屋，都有其与众不同之处。首先，我希望诸位洗耳聆听，而且告诉我你们听到了什么。"

"我只听到了空调器的声音。"有人这样喊道。

显然，莱恩·桑德斯的问题使听众露出了一些疑惑不解之色。他们的眼神分明是在说："这里到底将发生什么？这家伙在搞什么名堂？"

"这就对了。"莱恩·桑德斯回答道，"但是，如果我不提起的话，您或许永远不会注意这些噪音，因为您的耳朵对它们已经习以为常了。然而，我敢说当你们第一次听到时，它一定使您烦躁不安，心神狂乱。您可以想一下，到处都有一些噪音，但它们却不能困扰我们，只要我们对其习以为常。"

然后，莱恩·桑德斯把他们领入客厅，指着摆放在那里的彩电说，"房屋建筑公司为您的家庭安装了这台漂亮的彩电。他们是出于这样的考虑，您如果在这里居住以后，将要每天拿出三次，每次 60 秒的时间来调整自己习惯于一种声音，相信您可以习惯它。"

这时，莱恩·桑德斯打开电视，将其调到普通的音量，然后说："不妨构想一下，您和您的家人就坐在这里欣赏电视节目。"然后莱恩·桑德斯就静静地等待火车的到来。在60秒的时间里，房子里将出现轰隆隆的共鸣声，人人都可以清楚地听到。"各位，安静！我想再次提醒您，火车将每天三次路过这里，每次60秒钟，也就是说在每天24小时里共有3分钟。"莱恩·桑德斯十分客观地说，"现在，问一下自己：我是否愿意忍受这点小小的噪音，显然，我是可以习惯它的，换来的将是这幢漂亮的别墅和这台崭新的彩色电视呢？"

正像莱恩·桑德斯承诺的那样，还没到月底，15幢房屋就全部被售出。

人类的左右脑在接受信息、处理信息、传播信息中的分工是明显不同的，左脑接受数字信息，精确、冷静；右脑接受模拟信息，模糊、热情。在通过左右脑感性思维达成销售中，如果能够量化产品的优缺点，让客户的左脑有一个准确的认识，就容易促进客户做出购买决策。

就像这个案例中的房地产销售员莱恩·桑德斯，在销售最后15幢房屋时，使用的就是将房屋的缺点量化的这个方法。这15幢房子临近铁路，火车每天经过三次。在以前的销售中，销售员并没有特别说明火车经过的次数及时间，于是客户接受的信息就是火车每天在这里经过，噪音很大，这是客户右脑感知到的模糊信息。正是在右脑收集到的模糊信息的作用下，客户做出拒绝购买的决策。

莱恩·桑德斯是精通利用左右脑感性思维策略销售产品的高手，他一改以往试图隐藏房子缺点的做法，把房子的缺点明确地告诉客户：火车将每天三次路过这里，每次60秒钟，即每天24小时里共有3分钟。这样准确的数字信息直接作用于客户的左脑，让客户对这些房子的缺点形成了一个准确的认识，而且进行理性的思考。

在此基础上，莱恩·桑德斯还说服开发商在每幢房子里安装了一台电视，只要购买房子，电视就免费赠送。我们知道，客户的左脑主导思考追求产品带来的利益，当客户客观地分析只要忍受一点小小的噪音就可以获得更大的利益时，自然会做出购买的决策，15 幢房屋最后全部被售出。

可见，在销售时，无论是产品的优点还是缺点，都要尽可能地把它量化，让客户的左脑形成一个准确的认识，从而促进成交。

第 5 章

把你的隐形影响力植入客户的大脑

练就建立标准的能力，让客户心悦诚服

快到北京了，前方就是收费站，京通快速路上车辆的行驶速度渐渐慢了下来，好多车辆开始拐入辅路准备加油。距收费站不远，就是一个加油站。熟悉这里的司机都知道，这个加油站是中国石油百座红旗加油站之一，这里不仅油品质量好，而且服务也周到细致。还有一样让人很佩服的是，问起油品的有关问题，这里的加油员几乎百问不倒。

一位好奇心很强的老客户在加完油后，特地进行了一番实地考察。她询问加油站张经理：“听说站上有个岗位练兵栏，每日一题考核员工，我能考一考吗？”

张经理欣然答应。这位客户便叫来一名加油员，边读题卡边看下面的答案。加油员答对了。她又叫来另一名加油员，从练兵栏上抽了另一道题，加油员又答对了，答得从容不迫，给人一种烂熟于心的感觉。

外面正好开进来一辆配送油品的车辆，这位了解加油站情况的客户灵机一动，又“刁难”说：“我想考考你们这里闻一闻汽油就能知道标号的能人。”她指的能人是计量员小陈。小陈被蒙上双眼，他分别闻了闻几瓶盛好的汽油，说出了它们的标号。女客户惊诧不已。小陈扯下布条，又将手指伸进瓶中蘸了蘸，在拇指肚上捻了捻，说：“我还能说出它们的密度。”

女客户带着惊奇和赞叹，心悦诚服地离去了。她当然不知道小陈在岗位练兵中所付出的努力。小陈的才能同样吸引了关注他成长的上级组织的注意。今年上半年，小陈被调任这个加油站的副经理。

这个案例是孙路弘先生在《用脑拿订单——销售中的全脑博弈》一书中提供的关于“百问不倒”技术的一个经典案例。

　　我们看到，案例中加油站的加油员面对客户有关油品的提问，都能对答如流，而且非常从容，给人一种烂熟于心的感觉；计量员小陈还能够通过嗅觉判断汽油的标号，通过手的触觉推断汽油的密度。这就是"百问不倒"的技术，这样的表现也让客户惊叹和信服。

　　百问不倒，就是销售人员对产品知识的绝对熟悉以及建立标准的能力和水平，这是销售员左脑理性思维能力的体现；是一种严格、缜密的基本功，依靠的是严谨甚至机械的强化训练；是通过对客户可能问到的各种问题的周到准备，从而让客户心悦诚服的一种实战技巧。

把销售融入服务，不留痕迹地占领客户心智

蕾哈娜是美国一家房地产公司的经纪人，她一年的销售额高达1000万美元。她的座右铭是：绝不只为销售而服务。

一天，一对夫妇从外地驾车来到罗克威市，想在罗克威买一栋房子并定居下来。

经人介绍，这对夫妇找到蕾哈娜，蕾哈娜热情地接待了他们。

然而，蕾哈娜没有刻意地销售某栋房子给他们，而是带他们参观社区、样板房，介绍当地的生活习惯、生活方式，而且带这对夫妇参加小城的节日，让他们免费享受热狗、汉堡、饮料。

每到傍晚时分，滑水队伍会在湖上表演，市民则在船上的小木屋里吃晚餐。再稍后，他们在广场看五彩烟火；然后再去商场，这里的购物环境非常优美，价格也非常公平；最后他们来到了社区内最好的学校。而这所有的活动，都有蕾哈娜的陪伴。

当这对夫妇决定在湖畔购买一套价值60万美元的房子后，蕾哈娜的服务仍然在继续着：协助客户联系医生、牙医、律师、清洁公司；帮助客户联系女儿的上学事宜，帮客户缴电费、煤气费。

蕾哈娜通常会在每年的圣诞假期为自己服务过的客户举办一场盛大的宴会，从纽约请5～7人的乐队进行伴奏，准备香槟、饮料、鲜嫩的牛肉片和鸡肉，提供各种型号的晚礼服。蕾哈娜举杯向客户敬酒，感谢客户们的支持与信任，祝福客户生活得更美好。她会一个一个地与客户私下沟通，问对方是否有需要帮助的，而且承诺以后会提供更好、更优质的服务。在客户离开的门口，放着许多礼物，比如挂历、钢笔、毛巾、书籍等实用的小东西，让客户离开时随意拿。

蕾哈娜的优质服务为她赢得了客户的赞扬和令人惊叹的销售业绩。

在上面的案例中，房地产经纪人蕾哈娜真正做到了"绝不只为销售而服务"。在与客户见面后，她没有直接介绍房子，而是先带他们参观周围的环境、设施，了解当地的文化，这些有效信息汇集到客户的左脑，让客户有充分的时间分析、思考是否适合在这里居住。当客户决定购买后，蕾哈娜还提供很多与房产无关的服务，这让客户感觉到销售员不只是为了卖房子才为他们提供这么优质的服务，让客户进一步建立起好感和信任。

她每年专门为客户举办圣诞宴会，始终与客户保持良好的关系，而且随时准备为客户提供更好、更优质的服务，这些都直接作用于客户的右脑，可以让客户在需要帮助时马上能想起她。

蕾哈娜是一位客户服务专家，更是利用左右脑感性思维能力销售的高手。她的巧妙之处在于她能把销售融入服务当中，不留痕迹地占领客户的心智，最后顺利成交。作为销售员，要想获得很好的销售业绩，也要向蕾哈娜学习。要知道，优质的服务往往能起到四两拨千斤的作用。

提供个性化服务，让客户产生依赖感

由于业务关系，柳爽经常到外地出差，入住的都是星级宾馆，他始终认为这样的宾馆基本上没有太大的区别。因此，他对所有的宾馆都没有特别的感情。但最近的一次住宿经历却改变了他的看法。

那次，他到一个地方出差，入住了当地一家四星级酒店，晚上和几个朋友聚会聊天，回到酒店已经是晚上十点多了。当走过大堂的时候，脚往前一迈，发现声音不对，一看，鞋掌掉了。他捡起来看了看，心想，这怎么办？后来想算了，这也没办法了，都晚上十点多了，外面还一直下着雨，男士皮鞋底薄点儿无所谓，也没人注意得到。但往房间走的时候一想，也可以到前台问一下嘛！

于是，他走到前台说："我的鞋掌掉了，您看能帮我想个办法吗？"

服务员说："先生，您把房间号告诉我，然后先回去，我们一会儿跟您联系。"

刚回到房间，电话打来了。

"柳先生，是您刚才说鞋掌掉了吗？"

"对的，是我。"

"那您稍微等一下，我们服务生上去看看。"

一会儿服务生上来了，拿了一个袋子把他的鞋子和鞋掌装走了。柳爽心想，他有什么办法呢？这都快十一点了，要是十点之前，自己也有办法，酒店的隔壁是广百商厦，那里就有修鞋的，但现在已经全部关门了。外面阴雨连绵，酒店里面只有值班的，也不可能有专门修鞋的呀。

就在他还在想服务生有什么办法的时候，服务生把鞋送回来了，边拿出来给他看边赶紧给他解释。

他说："柳先生，我们想了各种办法，最后只能想到最原始的方法，点了一盏酒精灯，用刀片烧一烧给您烫一烫，最后全部粘好了。"柳爽当时非常感动。

接着，他又说了："柳先生您另外那只鞋子呢？"

柳爽说："那只鞋没有掉掌。"

他说："外面阴雨连绵，您的鞋子都溅脏了，我一起帮您擦一下。"

柳爽心里很感动，当时就想：这种情况要给小费了。等他把鞋子擦干净了，他赶紧掏出几十元钱说："您辛苦了，一点小意思。"

他说："柳先生，您误会了，这是我们应该做的，我们不收小费。"

柳爽说："你深更半夜为我在这里操劳，我也过意不去。"

他说："您真是搞错了，我们不收小费的，这是我们应该做的，您看还有什么需要我帮忙的，如果没有的话您就早点休息，我先出去了。"

这件事让柳爽非常感动，服务生的品格让他发自内心的敬重。服务生出去之后，柳爽看到房间里有客户意见表，他把整个的内容和事情的经过完整地写了一遍，然后别上名片，第二天放到了前台，他想，这样对那个服务生大概会有一点儿帮助。

这个酒店让柳爽刮目相看，他想，以后再来这儿出差，肯定首先想到要去这家酒店，住在别的酒店，可能就睡不踏实了。

在上面的案例中，柳爽晚上十点多回到下榻的酒店时，却发现自己的一只鞋的鞋掌掉了，他抱着试试看的心情找到酒店的前台，看看他们有没有什么办法。出乎他意料的是，酒店在晚上十一点、找不到专门修鞋师傅的情况下，还是想办法帮他把鞋修好了，而且把另一只鞋也擦干净了，最后还不收小费，这一系列的举动让他大为感动。

我们知道，人的右脑是感性的，来自右脑对人们行为的指令是模糊的，是通过印象来指挥行动的。这家酒店的个性化服务正是针对了客户的右脑，让客户感知到酒店的优质服务理念及酒店员工强烈的服务意识和服务精神，进而建立了忠诚——柳爽决定以后再到这个地方，还要入住这家酒店。

赋予产品感情色彩，牵引客户感性决策

当今世界制鞋业首屈一指的美国高浦勒斯制鞋公司，产品遍销全球，年销售额高达 60 亿美元。其产品之所以畅销，除质优价廉外，还与公司领导人费兰西斯·诺利注重对客户心理进行研究，使每一双鞋都充满了人情味有很大关系。

诺利受命于危难之时——在高浦勒斯公司举步维艰的时候担起总经理重任。上任后，他凭借自己对消费心理学进行过深入研究的功底，采用新的营销手段，终于使公司走出了困境。他的秘诀就是赋予产品感情色彩。

诺利考虑到当今美国社会很多人买鞋子已不仅仅满足于防寒和护脚，更多的人要求显示个性和生活水准。"价廉""质高"的老一套经营方式已不是产品畅销的唯一法宝了。只有使鞋子像演员一样体现出不同的个性、不同的情感，以其独特鲜明的形象去参加社会大舞台的演出，才能因其独特的魅力吸引众多的"观众"，才能促进鞋的销售。

于是，诺利要求公司的设计人员群策群力，设计出各种风格迥异的鞋。对于这种鞋子的市场，不只是宣传鞋本身的质量与价格，更要赋予鞋子不同的感情色彩。例如，"男性情感""女性情感""优雅感""野性感""轻盈感""老练感""年轻感""沉稳感"，等等。这些情感的表现形态，有式样的别致性，也有色彩的和谐性；有简繁之别，也有浓淡之分。这些不同特征的情感鞋，在不同消费层次中广泛宣传，迎合了不同客户的需求。此外，他们还给每一双鞋取了一个稀奇古怪的名字，诸如"笑""泪""愤怒""爱情""摇摆舞"等，恰似有生命的物体，令人耳目一新，回味无穷。人们纷纷购买高浦勒斯公司的鞋。生产各种富于感情色彩的鞋子，给高浦勒斯带来了持续的销售热潮。

　　给产品赋予独特的感情色彩，可以影响客户的右脑感性思维做出购买决定。这是在研究人的消费心理后，独辟蹊径的营销妙法。这个案例就是一个以让产品充满人情味而获胜的经典案例。

　　我们看到，高浦勒斯制鞋公司采用传统的营销手段并未获得成功，而且还面临破产的危险。诺利上任后，通过对客户思维和心理的研究，认识到每个人买鞋子除了防寒护脚外，还有显示个性和生活水准的深层次需求。这是左脑深度思考的结果。于是生产了各种风格的鞋子，而且给每双鞋子都赋予了不同的感情色彩。这种新颖的营销手段目的就是影响客户的右脑感知，让客户感觉到新奇，从而产生购买欲望。这种鞋在一定程度上满足了不同客户的心理需求，因此使他们在没有理性思考的情况下就做出了购买的决定。

用独特的卖点始终牵引客户的感性思维

有一次，一位房地产销售员带着一对夫妇去看一幢老房子。当客户走进这幢房子的大院时，销售员注意到妻子很高兴地对她的丈夫说："亲爱的，你看，这院子里有棵樱桃树！"

当客户走进房子的客厅时，发现客厅的地板已经非常陈旧，脸上顿时露出不悦的神情。销售员立即在旁边对他们解释说："这间客厅的地板砖是有些陈旧，不过，你们没有发现吗？这幢房子的最大优点就是当你们站在窗边，透过窗户向外望去，就可以看到院子里的那棵樱桃树。"

当客户走进厨房时，他们发现厨房里的设备也很陈旧。销售员接着又说："厨房的设备的确有点陈旧，但是，你们每次在厨房做菜时，向窗外望去，都可以看到那棵美丽的樱桃树。"

后来，他们又陆续发现了房子的不少缺点，但每次那位销售员都会强调："没错，这幢房子是有不少缺点，但这幢房子有一个特点是其他所有房子都没有的，就是你们从任何一个房间的窗户向外看，都可以看到院子里那棵美丽的樱桃树。"

最后，这对夫妇还是花 60 万元买了那棵"樱桃树"。

从销售的角度来说，可以说没有卖不出去的产品，只有卖不出去产品的人。因为聪明的销售员总可以找到一个与众不同的卖点将产品卖出去。独特卖点可以与产品本身有关，有时候也可以与产品无关。独特卖点与产品有关时，可以是产品的独特功效、质量、服务、价格、包装等；当与产品无关时，这时销售的就是一种感觉、一种信任。

打造独特卖点并不困难，只需要我们认真思考。当你的产品特色独此一家，而且这项特色有能够给客户带来莫大的好处时，那么这样的产品就是客户真正在意的产品。而那些无关紧要的差异对消费者却产生不了吸引力。一旦这些独特的卖点植入客户的大脑，销售就是件很容易的事。

例如，如果你想要给长辈购置礼物，你一定会想到"脑白金"，在它的每一则广告中都反复地讲"送礼就送脑白金"，慢慢地这样的信息潜移默化地植入了用户的大脑，在需要的时候，自动就会跳出来，提醒你"送礼就送脑白金"。

这个案例就是销售员用独特的卖点吸引客户的典型案例。

销售员带着一对夫妇看一幢老房子，当客户看到院子中的樱桃树时显得很高兴，销售员及时捕捉到了这个信息，而且做出判断：客户喜欢这棵樱桃树。这是销售员优秀的左脑思考习惯的反应。

发现这一点后，当客户看到客厅陈旧的地板、厨房简陋的设备等缺点露出不悦神情时（体现销售员察言观色的能力），销售员都及时说道："你们从任何一个房间的窗户向外看，都可以看到院子里的樱桃树。"最后，客户买下了这幢并不满意的房子，只是因为喜欢那棵樱桃树。这个过程是销售员卓越的右脑感性思维能力的体现，她可以根据客户的反应及时强调房子的独特卖点，把客户的思维始终控制在通过右脑思考上，最后在右脑的控制下做出购买的决策。

利用客户周围的人际关系搞定客户

赵路宽是平安保险的销售顾问，他通过一个老客户得到了霍先生的电话，而且了解一些客户的资料。

赵路宽："霍先生，您好，我是平安保险的顾问。昨天看到有关您的新闻，所以找到台里的客户，得到您的电话。我觉得凭借我的专业特长，应该可以帮上您。"

霍先生："你是谁？你怎么知道我的电话号码？"

赵路宽："平安保险，您听说过吗？昨天新闻里说您遇到一起交通意外，幸好没事了。不过，如果您现在有一些身体不适的话，看我是不是可以帮您一个忙。"

霍先生："到底谁给你的电话呢？你又怎么可以帮我呢？"

赵路宽："是台里的我的客户，也是您的同事，一起主持过节目。她说您好像的确有一点不舒服。我们公司对您这样的特殊职业有一个比较好的综合服务，我倒是可以为您安排一个半年免费的。如果这次意外之前就有这个免费的话，您现在应该可以得到一些补偿。您看您什么时候方便，我给您送过来。"

霍先生："哦，是××给你的电话啊。不过，现在的确时间不多。这个星期要连续录节目。"

赵路宽："没有关系，下周一我还要到台里，还有两个您的同事也要我送详细的说明书过去。如果您在，就正好；如果您忙，我们再找时间也行。但是，难免会有意外，出意外没有保障就不好了。"霍先生："你下周过来找谁？"

赵路宽："一个是你们这个节目的制片，一个是另一个栏目的主持。"

霍先生："周一我们会一起做节目，那时我也在。你把刚才说的那个什么服务的说明一起带过来吧。"

赵路宽："那好，我现在就先为您申请一下，再占用您5分钟，有8个问题我现在必须替您填表。我问您答，好吗？"

随后，就是详细的资料填写，赵路宽成功地续签了一年的保险合约。

当销售员初次与客户接触时，利用客户周围的人际关系往往更容易与客户建立销售关系。这个案例就是一个通过人际关系拿订单的电话营销案例。

在案例中，我们看到赵路宽在接通客户霍先生的电话、自报家门后，霍先生的防范意识是显而易见的。这时候，如果销售员不能及时消除客户的这种意识，那客户就很有可能会马上结束电话。在下面的对话中，我们可以看出，赵路宽是做了充分的调查和准备的，而且事先制定了详细的谈话步骤，这是左脑理性思维习惯的体现。

在接到客户警惕性的信号后，赵路宽先以对方遇到一起交通意外、可以为其提供帮助为由，初步淡化了客户的警惕意识；然后，又借助霍先生同事的关系彻底化解了对方的防范意识，取得了客户的信任，成功得到了霍先生的资料以及一年的保险和约。赵路宽的计划成功了，这是左脑理性思维策略的胜利。

借助"名人效应"弱化客户的理性思考

史蒂尔是一位经验丰富的销售员，每次成交后，他都让客户签上自己的名字，特别是一些比较有身份、地位的客户。当他去拜访下一位客户时，总是随身带着这些客户名单，那些名字都是客户的亲笔签名。见到下一个客户后，他先把名单放在桌上。

"我们很为我们的客户骄傲，您是知道的。"他说，"您知道高级法院的理查德法官吗？"

"哦，知道！"

"这上面有他的名字，您更应该知道我们的布莱恩 - 桑德斯市长吧！"

史蒂尔兴致勃勃地谈论着这些名字，然后说："这是那些受益于我们产品的人。他们喜欢……"他又读了更多有威望的人名，"您知道这些人的能力和判断力，我希望能把您的名字同理查德法官及布莱恩 - 桑德斯市长列在一起。"

"是吗？"客户很高兴，"我很荣幸。"

接下来，史蒂尔开始介绍他的产品，最后成交了。

史蒂尔就是凭借着这些客户名单，取得了很好的销售业绩。

名人效应、公共权威在如今的市场经济中被成功地运用于各个领域，比如说广告。销售同样也可以利用有影响力的人增加销售本身的吸引力和可信度。这是成功实现销售的一条捷径。

在这个案例中，我们看到销售员史蒂尔就是善用这一销售技巧的高手。他在向客户销售产品时，要求客户，特别是有身份、地位的客户签上自己的名字，这为他以后的销售奠定了基础（左脑有计划地准备）。

当他向其他客户销售产品时，就把有客户亲笔签名的单子给客户看，而且说："我希望能把你的名字同理查德法官及布莱恩 - 桑德斯市长列在一起。"这是典型的刺激客户右脑的策略，弱化了客户理性思考的能力，更多地靠右脑的感性思考。

其实，客户并不是相信理查德法官和布莱恩 - 桑德斯市长本人，而是相信了他们的头衔——外界授予的头衔，继而相信了他们的鉴别能力，而丧失了自己原有的鉴别能力，认为连这些名人都用他们公司的产品，那就肯定错不了，最终高高兴兴地签上自己的名字，购买了史蒂尔的产品。

用"爱"的力量激发客户的责任感

约翰，35 岁，已婚，有两个小孩，年收入在六万元左右，而且每年都要付一笔 3 万元的房屋抵押贷款的费用。保险销售员皮特曾卖给他一份 3 万元的保险，两人因此成了朋友。

现在皮特想提高一下保单的保额，于是在聊天的时候，这样劝告他。

"约翰，您现在事业顺利，身体状况良好，可是天有不测风云，虽然我们不喜欢谈不吉利的事，可是万一真有那么一天，您夫人怎么办？她能挑起生活的重担把两个孩子带大吗？在大多数的情况下，一家之主发生了意外，整个家庭随即就会陷入困境，那一大笔的医药费和丧葬费用，就能把新寡的妻子逼疯。如果银行这时又要求收回贷款，那整个的情况真是不可想象了。您也知道这个社会是很少有人会对这样的家庭伸出援手的。您想想看，到时候该怎么办？"

"我已经买了一份 3 万元的保险呀，我想这大概够了吧！"

"这张保单当然是能起到一定作用的，可是您想想看，您现在的房屋抵押贷款是 3 万元，所以这张保单保的不过是贷款的金额。如果还有一大笔的医药费和丧葬费要付的话，又该怎么办？这些钱加起来至少也要 5 万元吧，需要花钱的事情真是太多了！"

"那我老婆可以去找工作呀！""工作哪有那么容易找呢？"

"也有道理，不过她以前做过事，那个时候她教书。噢！ 不过教书这个行业已经不比从前啦，她可能还要去补修教育学分，可是现在教师的缺额又这么少，要找个工作还真不容易呢！"

"就算她能找到一份工作，您想想看薪水够三个人的开销吗？假如她运气不错，找到一个薪水有您现在收入一半的工作，扣掉税金后，她也许晚上还得出去补修几门功课，这也需要花钱；再说她还要支付社会福利金，也得请个保姆来照顾小孩，这一切都要从她的收入中支出，那还有多少钱可以家用呢？"

"我可以想象这些问题，即使她能找到一份工作，我想日子也不会好过的。"

"这就是为什么我认为您应该再买一份保险。这样即使您遭到不幸，至少在5年以内您太太还能享受目前的生活水准。这样她就有一段缓冲时间可以再回学校去学点东西，然后在没有压力的情况下，找一份比较理想的工作；而且在您的两个宝贝还需要母亲照顾的时候，她也能多照顾他们一些。"

"那你看我是不是应该将保额提高到10万元呢？"

"这样当然是比较好！不过我们还忽略了一些问题，您想想孩子们的教育问题，这要花多少钱呢？"

"一个孩子1万元吧，也许还不够呢，现在大学的学费越来越贵了。"

"所以该把这些都加在一起，才是最适合的保额。您自己可以算得出来：每年需要付3万元的房屋贷款的费用，另外2万元作为孩子的教育费用，如果想在5年之内让太太孩子继续享受目前的生活水准，至少需要10万元，再加上医药和丧葬费5万元，这样您应该要保20万元的保额。扣掉您手上现有的3万元，您需要再保17万元。"

"这可不是小数目啊！"

"可是，约翰，假如您希望您的家庭能够不被一次意外所摧毁，失去现有的生活水准，您就需要这样的保额。想想看，您还有什么其他的方法能够提供给家人这样的保障呢？"

"你说得有道理，就按你说的办吧。"

劝说客户购买你的产品，仅靠介绍产品的优势是远远不够的，必须运用一些除产品之外的因素，运用爱的力量就是其中的一种。爱是人的一种感性思维，如果在销售中能够灵活运用，就一定会取得很好的效果。

就像案例中的保险销售员皮特，在老客户约翰已经购买了 3 万元的保险之后，他继续劝说客户增加保险额度，他所运用的策略就是利用客户对家人的爱。

皮特首先假设客户将来遇到意外，然后通过左脑理性思维进行逻辑分析，他家人的生活将受到怎样严重的影响，如果购买相应的保险就能避免这种情况的发生，激发了客户的家庭责任感（典型的左脑理性思维），取得了客户的认同（典型的右脑感性思维），最终达到销售的目的。在这个过程中，销售员的左脑理性思维能力通过右脑得到了完美的体现，是左脑逻辑分析能力与右脑沟通能力综合作用的结果。

第 6 章

满足欲望：征服客户用不着死缠滥打

将客户从关注"高成本"转移到"高收益"

小罗是一家咨询公司的销售顾问，这次他负责的是一家生产企业的销售咨询工作，当销售进展到面临签约的时候，该企业的总经理提出了异议。

总经理："我不明白为什么你们公司派了三个咨询师替我们改善库存与采购系统，两个月的时间要支付24万的费用，这相当于每个人每月4万，这样我都可以雇用三个厂长了。"

小罗："刘总，我们的咨询师们花了两个星期对贵厂采购作业流程、生产流程、现场生产以及作业流程的现状进行了详细了解。据我们了解，贵企业的每年平均库存为一个月，金额为600万，由于生产数量逐年增长，库存金额与平均库存月份也逐年上升。我们确信，通过我们的改善方案的执行，贵企业在半年后，库存金额能下降至300万，您的利息费用每年最少都可下降30万左右，您节省的费用足够支付咨询费。"

总经理："话是不错，那你们怎么能保证能将库存金额降至300万？"

小罗："如果贵公司的采购作业方式，特别是在交货期及交货品质两个要点上有所改善，生产流程及作业方式能够调整更改，品质的监控制度能够完善，最后显现的结果必然是库存的降低。刘总您完全可以评估出来，您支付给我们公司的顾问费其实都是从您节省的费用中提出的，您根本就不需要多支付任何额外的费用，却能达到提升工厂管理品质的目的。而且您只要同意签下合约，我们每个星期都会给您送去一份报告，报告会告诉您，我们本星期要完成哪些事项及上星期完成的情况，在这个时候，您可以视我们的绩效随时停止合约，我们会让您清楚地看到您投入的每一分钱都能够得到明确的回报，若您认为不值得，您可立刻终止付款。刘总，我诚恳地建议您，这的确是值得一试的事情，您若可以现在就签约，我可以安排一个半月后，就开始进行这个方案。"总经理在权衡了这个方案的成本和收益以后，签约了。

在销售中，客户考虑收益几乎是运用左脑的过程。但是，人们对成本的印象却是感性的，无论成本是多少，只要提到成本，通常会认为是不好的。其实这不过是一种印象，是一种受右脑习惯控制的结果。这就需要销售员灵活运用自己的左右脑策略来应对客户，以实现销售目的。

这个案例中的销售员小罗就不愧为一个善用左右脑思考的高手。针对该企业生产的现状，小罗所代表的咨询公司派出了三位咨询师，两个月的费用共为 24 万，用该企业总经理的话说："这相当于每个人每月 4 万，这样我都可以雇用三个厂长了。"客户第一感觉是成本太高，这是受右脑习惯控制的结果。

面对这种情况，小罗认识到，用右脑策略显然不能取得客户的认同，于是，他发挥了自己左脑逻辑分析能力的优势，为客户详细分析了花费这些成本费用所能够取得的收益，将客户的思维从右脑的感性（成本太高）逐步转移到左脑的理性（取得的收益）。当客户认识到自己花费的成本能带来更大的收益时，签单就成了顺理成章的事。

在我们的实际销售工作中，如果碰到类似的情况，不妨向小罗学习，想方设法把客户的感性认识过渡到理性思考。那样的话，即使成本再高，客户也会毫不犹豫地签单。

完满的服务可以弥补客户对产品的不满

一天，香港一家计算机公司的销售员杨思源接到一家客户的投诉电话，这是一个很重要的客户。打电话的总工程师告知杨思源他们香港分部的电脑出了问题，要求杨思源尽快解决。杨思源意识到问题一定很严重，因为这位总工程师是机构内采购的决策人，年轻有为，且很少与厂家打交道，这次主动打电话肯定不会是什么小事。杨思源答应客户第二天上午10：00以前去见总工程师。

现在时间已经是下午5：00了，杨思源立即打电话到客户服务中心要来客户的服务记录，发现客户已经从香港那边投诉过来了，而且公司已经上门进行了维修。第一次没有解决问题之后，公司又从国外请了一个专家来到客户现场，维修的工程师判断是客户的电脑需要升级。客户并不同意维修工程师的观点，因为以前采购的电脑配置更低也没有问题。因此香港分部的客户就将问题反映到总部。杨思源也判断不出原因到底在哪里，但是维修的工程师告诉杨思源只要客户肯升级内存，问题就一定可以解决。杨思源又打电话到香港的客户那里，询问了情况，而且与相关的人员约好第二天10：30举行一个电话会议。杨思源将维修记录都准备好，计算好需要升级的费用之后离开了公司。

第二天，杨思源准时来到客户的办公室。总工程师刚介绍完情况，杨思源就将维修记录拿了出来，而且简单介绍了己方的观点以及与香港分部之间的分歧。接着，杨思源与客户服务中心的维修工程师、客户的香港分部一起通过电话讨论了情况。客户服务中心的工程师与客户分部之间对于谁应该承担责任的问题还是存在分歧，但是客户服务中心承诺：只要升级内存，问题就一定可以解决。总工程师一直仔细地听着，几乎没有插话。

电话会议一结束，他就向杨思源询问升级的费用，杨思源拿出准备好的报价递给他。总工程师扫了一眼数字，简单确认了一下，立即表示他们愿意即刻升级电脑。

后来，客户告诉杨思源："出问题是难免的，而且有时很难搞清楚原因和责任。本来我是请你来讨论维修问题的，没想到你已经将问题搞清楚了。我看到你们很认真而且效率很高，因此就很痛快地同意支付升级费用了。而且升级费用非常合理和公道。"客户对这家公司的服务赞不绝口，后来一直在使用他们的电脑。

细致入微的服务精神可以弥补客户对产品的不满，在情感上与销售员达成共鸣。案例中的销售员杨思源就是通过精心的准备、高效的服务化解了客户的不满和投诉。

杨思源在接到客户的投诉电话后，马上意识到问题很严重（遇到问题先深入思考，是左脑理性思维习惯），然后又向公司客户服务中心、客户香港分部详细询问了情况，了解到客服中心已进行过维修，而且只要电脑升级问题就可以解决，于是杨思源又准备了一份升级的费用清单。杨思源的这一系列行动都是在为第二天的交流做准备。在这里，杨思源优秀的左脑理性思维能力得到了充分体现。

杨思源在与总工程师的面谈中，按照事先的准备一步步进行，最后，当他递上升级报价单时（采用白纸黑字更是左脑常用的销售工具，有了销售工具，即使是还没有发生的事情，听者也会认为发生的可能性大），总工程师立即同意升级电脑，问题解决了，而且还与客户建立了很好的合作关系。

客户对服务的满意不是绝对的，而是一种相对状态下的心理衡量。正如那位总工程师所说："我看到你们很认真而且效率很高，因此我就很痛快地同意支付升级费用了。"

要让客户考虑到双方的长远利益

菜文的公司是一家以销售产品原材料为主的公司，曾经与一家公司有过长期的合作，菜文以合同规定的价格向他们销售原材料。

一次，这家公司的副总裁沃尔森提出想要与菜文全面协商一些重要的合作事宜。

菜文如约和沃尔森会晤。菜文知道他想要干什么。果然不出所料，他对菜文说："我反复地翻阅了一下我们以前所签的合同，发现我们现在无法按照原定合同规定的价格向你购买原材料，原因是我们发现了更低的价格。"

菜文本来可以对他说："我们早就签好了合同，你不可以单方面撕毁合约的，至于其他的事，我们等这次合同期满之后再谈。"

这样，即使沃尔森再不情愿，也只能履约而不能擅自停止采购原材料，但他无疑会因此而感到不舒服。

此时，菜文的事业正在蓬勃发展，他需要与这个重要的客户保持长期而又稳定的合作关系。于是，菜文说："那么，请你告诉我，你想出什么价？"

沃尔森说："我们要求也不高，单价15美分可以吧？"接着他向菜文解释了一下之所以提出这一降价要求的原因。原来有一家远在数百公里以外的公司给出14美分的价格，但从那里把原材料运过来，需要另加2美分的运费。所以沃尔森要求把单价降到15美分。

菜文沉吟了一下，在纸上算了一会儿，然后抬起头来对沃尔森说道："我给你12美分。"

沃尔森不由得大吃一惊，不相信地问道："你在说什么？是说要给我

12 美分吗？可我说过我们 15 美分就可以接受。"

　　莱文说："我知道，但是我可以给你们 12 美分的价格。"

　　沃尔森问："为什么？"

　　莱文说："请你告诉我，你打算与我们合作多长时间？"

　　沃尔森说："这个自然是看我们彼此合作的情况来定了，就目前来讲，我很乐意与贵公司保持长久而愉快的合作关系。"

　　莱文得到了一个长期合作的承诺，对方得到了一个满意的价格。

　　只考虑自己的利益，任何产品都会卖不出去。因此，销售员在销售自己的产品时，一定要深入思考，既要考虑自身的利益，还要考虑客户的利益，只有做到互惠互利，才能把销售工作搞好。尤其是在面对一些销售难题的时候，如果主动给客户一个好价格，不仅可以使销售难题迎刃而解，更可以以牺牲一小部分利益来换取更大的利益。这个案例就是一个使用左脑思考、以主动让利获得长远利益的典型案例。

　　案例中，莱文与沃尔森已有过长期的合作关系，但因客户发现了更低的价格，双方再次会晤商谈。我们可以看到，当沃尔森提出价格问题时，莱文知道客户已经进行过调查，这是客户左脑做出的理性决策，而自己只有使用左脑策略，才能让客户满意。

　　于是，他并未要求客户按合同执行，而是询问对方可以接受的价格，当沃尔森提出 15 美分的价格时，莱文通过计算（左脑理性思维能力），最后给出了 12 美分的价格，让对方始料不及，成功地作用了客户的左右脑。这既让客户左脑认为得到了一个好价格，又让客户右脑感觉到莱文希望长期合作的诚意，加深了好感，为以后的合作打下良好的基础。

　　在整个交流过程中，莱文一直在使用自己的左脑控制着局面，既让客户得到了利益，又让自己获得了长远的利益。因此，作为一个杰出的销售员，在发现一个很有潜力也很有实力长期合作下去的客户时，一定要善于使用左脑思考，主动放弃眼前利益，追求更长久的合作，以获得长远的利益，这才是一个左右脑销售高手能力的完美体现。

勾勒出客户需求的脑像图让他深入思考

玩具柜台前，一位客户正与销售员进行销售对话。客户想买一个带有教育性质的玩具送人，而售货员建议他买一幅拼图玩具。

客户："我可看不出一幅拼图有什么价值。"

售货员："当您说价值时，指的是教育价值呢，还是金钱价值？"

客户："对我来说，拼图可真是难得够呛，弄得我是焦头烂额，需要的拼块总是找不着。我还记得每次我只能拼出几种颜色，完整的一幅图我是从未拼出过。"

售货员："所以您就觉得拼图很困难，是不是？"

客户："或许它并不是那么困难，只是因为我不知道怎样拼罢了，现在的拼图是不是更容易些了呢？"

售货员（指着盒子的背面）："这儿有些拼法说明，文字通俗浅显，遵循这些说明做会很容易。您看，这儿是一系列的拼搭步骤。首先将所有的拼块放在一个平面上，然后再将相同颜色的分门别类地放在一起，接着从四个角开始，一块一块自外而内地拼搭。"

客户："这样就好多了。我真希望几年前就有这样的说明（哈哈笑了），那样的话拼起来就简单多了。哎，我看看，这几幅拼图倒很不错。瞧，多漂亮的画面啊！ 我很喜欢小山丘上那些花的颜色。这幅拼图共有多少块？"

售货员："有 2000 块，得花 14 个小时才能拼完。很漂亮，是不是？"

客户："你认为小孩子能从中学到什么知识吗？"

售货员："当然能了。拼图可是孩子学习和培养心理技能的一种很好的途径。"

客户："你的意思是？"

售货员："在孩子寻找正确拼块的过程中时，会挑战其想象力，而在拼搭过程中，拼图又会挑战其逻辑能力。从四边向内心拼搭时，则能培养孩子的分析技能。它能培养孩子色彩协调的技巧及对拼块组合的节奏感。另外它还有助于孩子们去创作。"

客户："创作？此话怎讲？"

售货员："他们看着盒子上完整的图像，接着开始一次一片地拼搭，而这需要坚持不懈。有时拼块能吻合，有时则不然。这样他们就学会了不断去尝试，一直到拼出与盒子上的图像完全一致的图为止。这也正是我们在现实生活中创作的方式——坚持不懈，不断地进行尝试。"

客户（停顿了一下）："我想你是对的。好，我买了。这真是一件很棒的礼物。"

售货员："要不要把它包装起来？我们这儿有很漂亮的包装纸。"

在销售中，一张好的图片胜过千言万语，但是如果你能用言语，在你客户的脑海里绘画出一幅清晰的图片，这价值将会超过一千张平常我们可以看见的图片。因为客户脑海里的那幅画，是他用想象的色彩来勾画，比世界上所有艺术家的画笔都要有渲染力。

有时候，为了尽可能快和多地刺激客户的感官，销售人员可能将语言图像换成实际图像，也就是产品实际售出的图像，这样可以大大提高在客户大脑里引起发动机的可能。

"可视化""影像化"技术，这项技术有着古老的历史，并且有着神奇的效果。你的谈话，你的文案，你的描述能够使得在客户面前出现一种画面，使他们能够身临其境地感受到那种经历。

在销售过程中，通过仔细倾听客户说话，销售员首先要能够充分发挥自己左右脑感性思维的优势，确定客户的主要思维过程，并勾勒出一幅客户需求的脑像图，然后用恰当的销售语言介绍给客户。这样才会更有效地影响客户的大脑，让他们更直观地感受到利益，做出购买的决定。这个案例就是一个运用左右脑感性思维成功销售的典型案例。

在此案例中，售货员建议客户买一幅拼图玩具送人，当听到客户说"我可看不出一幅拼图有什么价值"后，售货员反问了一句："当您说价值时，指的是教育价值呢，还是金钱价值？"这句回答重新组织了客户的问题。在客户看来，售货员的这个反问似乎是为了更好地回答自己的问题才确认一下是否理解清楚了，让客户认为售货员在回答他的问题的时候比较慎重，而且不是匆匆忙忙地回避自己的问题。

当了解到客户是因为觉得拼图很困难才不愿购买后，售货员通过强调拼法说明、文字通俗浅显、色彩及逻辑介绍（左脑理性思维能力的体现），作用于客户的左脑，而且取得了客户的认同。接着，售货员又把拼图对小孩子的好处进行了详细的介绍，最后客户认为拼图的价值确实很大，所以决定购买。

在整个销售过程中，售货员运用自己左右脑的优势，既调动客户左脑对产品价值进行思考，又让客户右脑感知到产品的图像和色彩，从而促成了交易。

可见，你如果想要让客户接受你的产品，你就需要运用影像化的技巧，你的语言或文字要有一个清晰的视觉效果，让客户像小孩子玩积木或者智力拼板一样，慢慢地在脑海里把这个产品，一点一点想象出来。

通过讲故事的方式把利益植入客户脑海

在奥迪车行，销售员应对着已经第二次来展厅的 3 位客户。这 3 位客户特别认真，看得特别仔细，还专门提出要到维修车间去看一下。

销售员左秋萍落落大方地陪同客户向维修车间走去。从展厅到维修车间有 3 分钟的路程，在这时，左秋萍问了一个问题："你们知道在重庆地区，车辆最怕什么吗？"

3 位客户一愣，左秋萍接着说："最怕鸽子。鸽子的粪中有一种特殊的生物酸，对车顶有腐蚀作用。这是我们的修车师傅告诉我的。"

"有一次，一个客户提新车，刚拿到钥匙准备进车的瞬间，车顶上一只鸽子飞过。我们的李师傅看到鸽子在空中飞过的时候落下来了一摊鸽子粪，李师傅眼疾手快，在鸽子粪落到车顶之前用手接住了。我们都看见了，可是客户却没有看见，伸出手来要与李师傅握手。李师傅一鞠躬，另一只手做了一个请的姿势，客户进了车，启动了车子，开走了。

"后来，李师傅告诉我们，一定要告知客户小心防范头顶的鸽子，如果没有较好的停车位，最好是买一个车罩。所以，我知道在重庆，车辆最怕的不是地上的交通，而是空中的鸽子。"

此时，3 个人抬头看空中，果然看到附近的确有若干只鸽子在飞翔。他们也注意到维修车间外面的几辆车都盖着车罩，似乎明白了什么，停住脚步，其中一个人对左秋萍说："我们不去车间看了，你给我们订 3 辆吧，都要车罩。"

在销售过程中，销售员在强调公司优质服务的时候有许多种常规的方法，无非是展示我们的笑脸、设备、技术、态度等。但是，所有这些展示都停留在形容词上，都停留在描述上，是抽象的，需要调动理性思维，也就是主攻左脑。而讲故事传递的东西就多得多。人们对讲故事这种形式并没有特别的防范，因为讲故事是通过右脑主导，左脑不会有太多的防范。右脑在故事中感知销售员试图传递的信息，从而感性地下了订单。而且这个故事会被深深地牢记在脑海中。这就是右脑销售讲故事能力的卓越表现。

就像案例中的奥迪车销售员左秋萍，她面对挑剔、谨慎的客户，并未采用常规的方法，而是充分地发挥了自己右脑的优势，通过为客户讲述修车师傅用手接鸽子粪的故事，向客户传递了本公司的优质服务理念，让客户深切地感受到自己的利益将会受到最大的保护。于是，客户左脑的理性思维逐渐消弱，右脑的感性思维开始发挥作用，最终下定决心下订单。

提供额外的服务让客户感觉到被关怀

一天，一家水牛皮凉席山西路专卖店来了位老先生。他进屋就让服务员拿货，然后看表，一屁股坐到了席子上，久久不动。大家不知他怎么回事，只好纳闷地看着。半小时后，老人起身伸手摸摸刚才坐的地方，立马叫了起来："太好了，我以为你们在报纸上说的半个小时不升温是骗人的呢！真是这样啊？那我买定了。"老人乐呵呵地取货走了。几天后老人又来了，原来那床牛皮凉席自买回去后，老人只睡了两天，就被从幼儿园回家的小孙子看上了，每晚都吵着要睡牛皮凉席，老人只好忍痛割爱，将牛皮凉席让给小孙子睡。自己睡了两天竹席实在受不了，又揣着钱来了。

专卖店方便了客户的挑选，也便于销售信息及时反馈。不过员工们最感兴趣的，是来人定做。通过来人定做，不仅可以为客户创造更好的价值，而且能够为公司带来一定的口碑。

有一次，公司曾应一对肥胖夫妻的要求，为他们制作了200（厘米）×220（厘米）的超大型水牛皮凉席。送货上门时发现，他们家的床就铺在地板上，揭开床单就看见两张竹席凑在一起，中间是用胶粘上的。那女士也不避讳："我们夫妻俩都胖，又都爱翻身，已经好几年没在一张整席上睡过了！"皮席刚铺好，女士就迫不及待地躺上去，直嚷舒服。

员工们也有机会接触一些"新潮＋另类"的客户。有一次来了对青年男女，希望定做一张两心叠合的"心心相印"型水牛皮凉席。这种席型原皮利用率较低，成本会很高。厂方请他们再考虑一下，可二人称他们是准备结婚的，"心心相印"型婚床已经定做了，现在就想要合适的凉席，价格上不太在乎。交货那天，店铺经理不仅把按其规格做好的凉席送上门，还将裁剩的废皮充分利用，做了两双水牛皮凉鞋与一件婴儿用的水牛皮床垫送过去，作为送给这对新人的贺礼。这使那对情侣大为感动，从此与经理成了好友。

为了对客户回馈更多的额外价值，该店还于2002年开展了一次"幸福家庭"摄影大赛。数千份参赛摄影作品让全体员工对"幸福"有了全新的认识。照片上有的是新婚夫妇，有的是三口之家，也有的是满头华发的金婚夫妻。但更多的是特殊组合：一位七十多岁的老先生，1997年便被诊断为肺癌晚期，但由于亲人的关爱，他的生命之火仍然很旺。照片上被老伴与女儿环抱的老人一脸安详。这次活动，客户们收获的是奖品，而店铺员工们则收获了更为宝贵的东西。在之后的职工大会上，该店经理动情地告诉员工："知道什么是幸福，比赚再多的钱都重要！"

正是凭借着始终如一地为客户提供额外服务，该店才逐渐发展、壮大，成为业内知名品牌的。

在销售中，为客户提供超值服务是一种通过右脑思考的典型策略，它不仅仅指产品价值和提供服务本身的附加值，更重要的是要创造符合客户价值评判、超出客户期望值的服务，要主动以爱心、诚心、耐心给客户更多人性化的关怀，与客户建立起友好的亲情关系，增强客户对自己的信赖感。

就像案例中的这家公司，用爱心、诚信和耐心向客户提供超越其心里期待的、超越常规的、全方位的满意服务，让客户深受感动，也赢得了客户的长久忠诚。

据调查，这家公司客户回购率达到80%以上，这是通过右脑思考在销售中的胜利。同时这也是一个贯彻了售后服务的典范。一般的售后服务是有时限的，这正是许多公司的软肋。要想获得客户长期的忠诚，公司必须改变策略，为客户提供更多的额外服务。只有这样，公司才能长久地发展下去。

满足客户成为举足轻重的人的欲望

劳尔是铁管和暖气材料的销售商，多年来，他一直想和某地一位铁管批发商做生意，那位铁管批发商业务范围极大，信誉也特别好。

但是，劳尔从一开始就吃尽了苦头，因为那位批发商是一位特别自负、喜欢使别人发窘的人，他以无情、刻薄为荣。他坐在办公桌的后面，嘴里衔着雪茄，每次劳尔出现在他办公室门前时，他就吼叫："不要浪费我的时间，我今天什么也不要，走开！"

面对这种情形，劳尔想，我必须改变策略。当时劳尔的公司正计划在一个地方开一家新公司，而那位铁管批发商对那个地方特别熟悉，在那地方做了很多生意。劳尔又一次去拜访那位批发商，他说："×× 先生，我今天不是来销售东西，是来请您帮忙的，不知您有没有时间和我谈一谈？"

"嗯……好吧，什么事？快点说。"

"我们公司想在 ×× 地方开一家新公司，而您对那地方特别了解，就跟在那儿住过似的。因此，我来请您帮忙指点一下，是好还是不好？"

闻听此言，那批发商的态度与以前简直判若两人，他拉过一把椅子给劳尔，请他坐下。在接下来的一个多小时里，他向劳尔详细地介绍了这个地区的特点。

他不但赞成劳尔的公司在那里办新公司，而且还着重向他说了关于储备材料等方面的方案。他还告诉劳尔他们的公司应如何开展业务。最后扩展到私人方面，变得特别友善，而且把自己家中的困难和夫妻之间的不和也向劳尔诉说了一番。

最后，当劳尔告辞的时候，不但口袋里装了一大笔初步的装备订单，而且两人之间还建立了友谊，现在两人还经常一块去打高尔夫球。

人性中最强烈的欲望是成为举足轻重的人，而请求客户帮忙，是使客户认为在你心目中，他是个重要人物的最好办法，既然你如此看得起他，他是不会不给你面子的。因此，遇到这种类型的客户，销售员不妨采取右脑策略，先获得客户的好感再销售。

就像这个案例中的销售员劳尔，他遇到的就是一位极其自负的客户，在开始时劳尔按照常规程序向他销售（左脑理性思维策略），遭到他的无情拒绝。也就是说，劳尔企图打动客户的计划失败了。

劳尔不得不重新思考行动计划，在分析了客户的种种表现后，劳尔觉得对这种类型的客户，一定要先满足他的自负心理，于是，他就以公司要在某地开设新公司为由请求客户帮忙。这是销售员左脑思考的结果，直接作用于客户的右脑，是一种典型的获取客户好感的右脑感性思维策略。果然，客户的态度发生了变化，不但热心帮忙，还购买了劳尔的产品，最终两人还成了朋友。这正是左脑计划、右脑销售的实际运用。

当然，请求客户帮忙的事情，一定要是客户的举手之劳就可以帮助你的小事。

让客户感觉到自己受到了重视

西蒙·奥马利是一家销售公司的总经理，他十分欣赏一个叫黛博拉的商店小老板，他介绍说："老婆常在我回家前，要我'顺道'去甲糕饼店买东西。其实那家糕饼店一点也不顺道，停车又很麻烦。一来时间不够，二来想省点汽油，所以我干脆到另一家方便得多的商店购买。我的任务完成了？呃……还差一点点。"

回家后，在老婆的追问下，我承认东西不是在甲商店买的。这时候我买的东西的品质（根据老婆的标准）突然变得很差。为什么呢？当我陪老婆购物时，我找到了答案。

我看着她仔细寻找特价或是可退款的商品，对比折价券和不同商店的价格表。"为什么不到糕饼区买个派呢？"我问。"我们到甲商店买。"她回答。到了甲商店，柜台前挤满了快乐的客户，人手一个号码牌。我们是84号，现在才轮到56号。叫到我们的号码时，老婆宣布："我们等黛博拉。"原来是黛博拉的关系。

黛博拉向正要离去的客户殷殷道谢，然后对我们说："您好，卢卡斯太太，今天需要什么呢？"

"我要买一个派，"老婆说，"最好有樱桃派，因为我儿子一家人今天要过来吃晚饭，他最喜欢樱桃派。"

黛博拉说："今天到我们商店就对了，卢卡斯太太。早上我们才烘了最拿手的樱桃派。"她走到仪器架前，从十几个樱桃派中拿了一个，想了一下，又换了一个。回来时看着老婆的眼睛，骄傲地说："卢卡斯太太，这是为您特制的派。"

实际上，所有樱桃派都是同时出炉的。但是我老婆太满意了，陶醉得宁可相信这是为她特制的、最好的樱桃派。杰出的成交技巧总会让客户满心欣喜。

每个人都有希望被尊重的需求，如果想不断地开拓新客户保住老客户，那么，就需要让客户感觉自己受到了重视、自己是独一无二的，这就会提升客户的忠诚度。

在这个案例中，糕饼店老板黛博拉就是一个充分利用了客户这种心理的成功经营者。面对老客户时，她能叫出客户的名字，这时客户的感觉是：这么多客户，老板还能记住自己的名字，看来自己真的很重要，客户的思维就停留在了右脑感性思维上。

接下来，为客户取派的时候，黛博拉走到仪器架前，从十几个樱桃派中拿了一个，想了一下，又换了一个。回来时看着客户的眼睛，骄傲地说："卢卡斯太太，这是为您特制的派。"这一系列的动作和语言，都是在向客户传递这样的信息：你是特别的、独一无二的，这个派真的是为你特制的。我们知道，右脑主导感性认识，当客户的右脑收集到这些信息时，自然就会高兴起来，也就会凭自己右脑的感觉，而不是理性思考做出决策：我下次还要来这里买。

通过体验营销刺激客户的购买欲望

爱德华是一位汽车销售专家，他有一套独特的销售方法，因此无论新车旧车，他都能顺利销售出去。他是这样做的，每次他都亲自驾驶汽车去访问每名可能购买的客户。

见到客户，他说："科尔先生，您好！ 我现在正要将这部车送到客户那儿去，您要不要看看这部车的性能呢？ 我想先将不好的地方调整一下再送给客户，还好遇见您这位驾车能手，如果您愿意替我检查看看，我将感激不尽。"

爱德华让客户驾驶了两三公里后，接着便征求客户的意见说："科尔先生，您觉得这部车怎么样？ 您有没有什么意见？"

"这部车的方向盘灵敏度过高。"

"嗯，您说得没错！ 一听就知道您是个内行，我也担心方向盘的灵敏度过高，还有没有其他的意见呢？"

"液面计、散热器的效果还不错。"

"不愧是专家，连这一点也能发现！ 实在令我佩服！"

"爱德华先生，您这部车到底卖多少钱呢？ 哦！ 我并不是要买，只是问问而已。"

"您是内行人，应该了解市面上汽车的售价，如果您要购买，您愿意出多少钱呢？"

结果价格双方都合意，于是爱德华最终轻易地将车售出。

尽管越来越多的销售员已经认识到满足客户需求、保护并提高客户利益的必要性，却普遍忽视客户的参与，把客户看成是单纯的产品或服务的接受者、受惠者。他们忽视客户参与的原因主要在于：低估客户的参与需求。事实上，今天的客户越来越不满足于被动消费，其自主意识增强，希望通过参与，获得成就感。

从销售的目的看，从以往的推式销售变为拉式销售，最终目的是提供满意客户需求的产品，而客户自己的感受是最高的判断标准，没有人比他们更了解自己的需求，也没有人比他们知道得更早。

因此，在销售过程中，如果我们能够调动客户的积极性，让客户一改过去用眼参观为动手参与，从而提升客户对产品或服务的认知和认可，事情就好办多了。

"客户参与法"就是让客户亲自试用或操作产品以参与到销售活动中的方法。在客户亲自体验的过程中，销售员再运用生动形象的语言加以解说，让客户对产品有一个更深入的认识，以此激发他们强烈的购买欲望。

就像案例中的汽车销售员爱德华生，他让每个客户亲自驾车，而且在驾驶的过程中询问汽车的有关性能和客户的需求，让客户亲自体验了驾车的感受，获得客户右脑的认可。让客户自己定价的目的在于调动客户左脑进行价格论证，这也是客户参与的一种方法。最后，客户在左右脑的共同作用下，做出了购买决策。

启发客户的思维，改变其原先的决策

胡伟锋在公司负责销售最难卖的4吨位货车。许多人都认为4吨位货车太难向客户销售，可胡伟锋却不这么认为。

一天，他碰到一位买货车的客户，便走上前去先介绍自己，结果买方直接就问："吨位多少？"

胡伟锋："4吨。"

客户："我们要2吨的。"

胡伟锋："2吨有什么好的？万一货物太多，4吨不是很实用吗？"

客户："我们也得算经济账啊！这样吧，以后我们有时间再谈。"

此时，销售明显有些进行不下去了，如果胡伟锋没有应对策略也许就此为止了。但胡伟锋不愧是一位销售高手，他接着说："你们运的货物每次平均重量一般是多少？"

客户："很难说，大约两吨吧。"

胡伟锋："是不是有时多，有时少呢？"

客户："是这样。"

胡伟锋："究竟需要什么型号的车，一方面看货物的多少，另一方面要看在什么路上行驶。你们那个地区是山路吧，而且据我所知，你们那的路况并不好，那么汽车的发动机、车身、轮胎承受的压力是不是要更大一些呢？"

客户："是的。"

胡伟锋："你们主要利用冬季营运吧？那么，这对汽车的承受力是不是要求更高呢？"

客户："对。"

胡伟锋："货物有时会超重，又是冬天里在山区行驶，汽车负荷已经够大的了，你们在决定购车型号时，连一点余地都不留吗？"

客户："那你的意思是……"

胡伟锋："您难道不想延长车的寿命吗？一辆车满负荷甚至超负荷，另一辆车从不超载，您觉得哪一辆寿命更长？"

客户："嗯，我们决定选用你们的 4 吨车了。"

就这样，胡伟锋顺利地卖出了一辆 4 吨位的货车。

销售员在销售期间，仔细倾听客户的意见，把握客户的所思所想，这样才能保证向客户推荐能够满足他们需要的商品，才能很容易地向客户进一步传递商品信息，而不是简单地为增加销售量而推荐商品。启发式销售就是要站在客户的立场上，想客户之所想，这样才能成功成交。

在这个案例中，我们看到，胡伟锋负责销售 4 吨位货车，而客户想要 2 吨位的货车，因此在谈话刚刚开始，胡伟锋就遭到了客户的拒绝，"以后我们有时间再谈"。这是客户左脑做出的理性决策，是不容易改变的。这时候，如果胡伟锋没有应对的策略，那么谈话也就到此结束了。

"你们运的货物每次平均重量一般是多少？"这是一句感性的提问，完全是右脑感性思维能力的体现。在下面的交谈中，胡伟锋通过启发式的提问，让客户了解到 4 吨位的货车使用寿命更长（引导客户使用左脑理性思考），而且让客户觉得胡伟锋是站在自己的立场上，在维护自己的利益（影响客户的右脑，增加他对销售员的信任）。

这段对话充分体现了胡伟锋高超的左脑逻辑思维能力和分析能力，最终改变了客户原先的决策，成功签单。

第 7 章

找到不寻常的思路寻求突破

思考，从其他途径寻找突破口

麦克是一名保险销售员，近日来，为了让一位难以成交的客户接受一张10万美元的保险单，他连续工作了几个星期，事情前前后后拖了很长时间。最后，那位客户终于同意进行体检，但最后从保险部得到的答案却是："拒绝，申请人体检结果不合格。"

看到这个结果，麦克并没有就此放弃，他静下心来想了一下：客户已经到这个年龄了，投保肯定不会只为自己，一定还有别的原因，也许我还有机会。于是，他以朋友的名义，去探望了那位申请人。他详细地解释了拒绝其申请的原因，而且表示很抱歉。然后，话题转到了客户购买保险的目的上。

"我知道您想买保险有许多原因。"他说，"那些都是很好的理由，但是还有其他您正努力想达到的目的吗？"

这位客户想了一下，说："是的，我考虑到我的女儿和女婿，可现在不能了。"

"原来是这样，"麦克说，"现在还有另一种方法，我可以为您制订一个新计划（他总是说"计划"，而不是"保险"），这个计划能为您的女婿和女儿在您百年之后提供税收储蓄，我相信您将认为这是一个理想的方法。"

果然，客户对此很感兴趣。

麦克分析了他的女婿和女儿的财产，不久就带着两份总计15万美元的保险单回来了。那位客户签了字，保险单即日生效。麦克得到的佣金是最初那张保险单的两倍还多。

在销售中，常常会因为某种原因，使销售计划无法实行。在这种情况下，多数销售员会主动放弃，而优秀的销售员则会深入思考，力求从其他途径再次找到销售的突破口。

在这个案例中，麦克花了几个星期的时间说服客户购买保险，但体检的结果是客户不能投保。面对这个结果，麦克并没有放弃，而是进行了深入思考，这是左脑理性思维习惯。

带着思考的结果，他再次拜访了客户，正如他预料的那样，客户投保还有其他深层次的原因：为了女儿和女婿。得到这个信息后，麦克利用自己丰富的专业知识，立刻为客户制订了一个新的保险计划（左脑理性思维能力），而且获得了客户的认可，这是销售员利用左脑理性思维取得的胜利。

通过诚意、扭曲的渲染强化客户的感性思维

杨恒均是奔驰车行的一名销售顾问。一天，一位年轻的女士来到车行，向他咨询了 SLK350 这款车。她对 SLK350 有了深刻的印象，而且表现出很强的购买欲望。将近 80 万元的车预订要收 10 万～20 万元的订金。在即将签合同的时候，她拿着笔，问杨恒均："我是不是太冲动了？才来一次就决定购买了！"

杨恒均陷入了两难的境地，如果承认客户比较冲动，那么是否意味着客户应该深思熟虑一下呢？如果否认客户这是冲动，这不是明显与事实冲突吗？毕竟是久经考验的优秀销售顾问，他沉着地回答："当然是冲动啦！哪个买奔驰车的不冲动？奔驰就是打动人！ 您是支付得起您的冲动，有多少人有这个冲动却没有能力支付。拥有这款小型跑车是一种豪华的冲动，喜欢才是真的，您喜欢吗？"

客户边听边频频点头，连连说"对"，毫不犹豫地签了购买合同，支付了订金。

在销售的后期，客户难免会理性思考，这时销售高手要能读懂客户的想法，强化客户的感性思维以促进其下决心购买。

在这个案例中，客户看好了 SLK350 这款车，即将签单时问销售员："我是不是太冲动了？才来一次就决定购买了！"这是通过左脑思考的典型做法。当面临决策时，尤其是如此高价位产品采购的决策时，难免会调动左脑思考是否值得。

面对这种情况，杨恒均要做的就是发挥右脑感性思维的优势转移客户左脑的理性思维。他这样回答："当然是冲动啦……"这是强化右脑感性思

维的典型策略，促使客户继续通过右脑思考，阻止客户的左脑进行系统、逻辑的思考。通过强化客户的右脑感性思维来渲染一种氛围，在诚意以及扭曲的渲染中引导客户决策，而这个决策就是典型的右脑决策。最后顺利签单，这是销售员通过右脑策略取得的胜利。

利用好奇心理刺激客户的感性感知

刘未鹏是一位从事人寿保险销售的销售员。一次，他拜访了一位完全有能力投保的客户，客户虽然明确地表示自己很关心家人的幸福，但当销售员试图促成投保时，他却提出了不少异议，而且进行了一些琐碎的毫无意义的反驳。很显然，如果不出奇招，这次销售成功的可能性很小。

刘未鹏沉思了片刻，然后他凝视着客户，高声地说："先生，我真不明白您还犹豫什么呢？您已经对我说了您的要求，而且您也有足够的能力支付保险费，您也爱您的家人！不过，我好像向您提出了一个不合适的保险方式，也许我不应该让您签订这一种方式的保险合同，而应该签订29天保险合同。"

刘未鹏稍作停顿，又说道："关于29天保险合同问题，我想说明一下：第一，这个合同的金额同你所提出的金额是相同的；第二，期满退保金也是完全相同的；第三，29天保险合同兼备两个特殊条件，那就是设想您万一失去支付能力而无力交纳保险费，或者因为事故而造成死亡时，另外约定免交保险费和发生灾害时增额保金的条件。这种29天保险的保险费，只不过是正常规模保险合同保险费的50%，单从这方面来说，它似乎更符合您的要求。"

客户吃惊地瞪大了眼睛，脸上放出光彩。客户接着问道："这29天保险是什么意思呀？"

"先生，29天保险，就是您每月受到保障的日子是29天。比如这个月，有30天，您可以得到29天的保险，只有一天除外。这一天可以任由您选择，您大概会选择星期六或星期天吧？"

刘未鹏停了片刻，然后接着往下说道："这可不太好吧？恐怕您这两天要待在家里，可是据确切统计来说，家庭这个地方却是最容易发生危险的地方。"

　　刘未鹏故意停下来不讲了，他看着那位客户，像是在等着什么，过了一会儿，他才又开口了："从公平的角度来看，先生，即使您让我马上从您家里出去，那也是情理之中的事情。我说了不应该说的事情，我显然忽略了您的家人未来的幸福，而您却是对家庭责任感非常强的一个人。我在说明这种 29 天保障时说，您每月有 1 天或 2 天没有保险,恐怕您会这样想："如果我猝然死去或被人杀害时将会怎么办？"

　　"先生,关于这一点请您尽管放心。保险行业内虽然保险方式各种各样，但对于这种 29 天保险，就目前来讲，我们公司尚未认可。我只不过冒昧地说说而已。之所以我会在这里对您说这些，是因为我想假如我是您的话，也一定会想，无论如何也不能让自己的家人处于无依无靠的不安定状态。在您内心大概就是这样的感受吧，先生？

　　"我确信，像您这样的人从一开始就知道我向您推荐的那份保险的价值。它规定，客户在一周 7 天内 1 天不缺，在一天 24 小时内 1 小时也不落下，无论何时何地，也无论您在干什么，都能对您的安全给予保障。能使您的家人受到这样的保障，难道不正是您所希望的吗？"

　　这位客户完完全全地被说服了，心悦诚服地投了费用最高的那种保险。

　　"好奇"是人类一种非常普遍的心理，当你能够准确地把握并利用这一心理的时候，往往能够轻而易举地征服客户。这个案例就是一个利用客户的好奇心理成功签单的典型案例。

　　人寿保险销售员刘未鹏碰上了一位有能力投保却又不想投保的客户，采用常规的销售方法显然不能成功，于是他想出了一个"奇招"，杜撰了一个所谓的"29 天保险合同"，这是销售员左脑思考的结果。

客户果然很感兴趣，连忙追问："这 29 天保险是什么意思呀？"从这句话可以看出，刘未鹏的左脑策略已经开始发挥作用了，客户的好奇心被调动起来了，客户的思维也开始从左脑的理性转移到右脑的感性。在接下来的对话中，刘未鹏充分发挥了自己出色的口才，把客户的思维始终控制在通过右脑思考上，最终让客户心甘情愿地购买了那份保险。

利用周围的环境引导客户的思维

爱伦是一名空调设备的销售员，但是在空调设备安装刚兴起的时候，由于当时空调售价相当高，因此很少有人问起。要是出去销售空调，那更是难上加难。

爱伦想销售一套可供 30 层办公大楼用的中央空调设备，他进行了很多努力，与公司董事会来回周旋了很长时间，但仍然没有结果。一天，该公司董事会通知爱伦，要他到董事会上向全体董事介绍这套空调系统的详细情况，最终由董事会讨论和决定。在此之前，爱伦已向他们介绍过多次。这天，在董事会上，他强打精神，把以前讲过很多次的话题又重复了一遍。但在场的董事长反应十分冷淡，提出了一连串问题刁难他，使他疲于应付。

面对这种情景，爱伦口干舌燥，心急如焚，眼看着几个月来的辛苦和努力将要付诸东流，他逐渐变得焦虑起来。

在董事们讨论的时候，他环视了一下房间，突然眼睛一亮，心生一计。在随后的董事们提问的阶段，他没有直接回答董事的问题，而是很自然地换了一个话题，说："今天天气很热，请允许我脱掉外衣，好吗？"说着掏出手帕，认真地擦着脑门上的汗珠，这个动作马上引起了在场的全体董事的条件反射，他们顿时觉得闷热难熬，一个接一个地脱下外衣，不停地用手帕擦脸，有的抱怨说："怎么搞的？天气这么热，这房子还不安上空调，闷死人啦！"

这时，爱伦心里暗暗高兴，觉得时机已到，接着说："各位董事，我想贵公司是不想看到来公司洽谈业务的客户热成像我这个样子的，是吗？如果贵公司安装了空调，它可以为来贵公司洽谈业务的客户带来一个舒适愉快的感觉，以便成交更多的业务。假如贵公司所有的员工都因为没有空调而感觉天气闷热，穿着不整齐，影响公司的形象，使客户对贵公司产生不好的感觉，您说这样合适吗？"

听完爱伦的这番话，董事们连连点头，董事长也觉得有道理，最后，这笔大生意终于拍板成交。

成功的销售员要善于利用周围的环境，利用得当，会对销售成功起到很大的推动作用。

案例中，空调销售员爱伦为拿下一座 30 层办公大楼的中央空调设备的项目进行了很多努力，可依然没有结果。在一次洽谈会上，爱伦又向董事们介绍了这套空调系统的详细情况，而且回答了董事长一连串刁钻的问题，这种情景让他意识到签单无望了。这个过程中，销售员左脑虽进行了详细的计划与准备，但客户也正在通过左脑理性思考，显然销售员很难取得突破。要想成功签单，销售员必须改变策略。

焦急让爱伦倍感燥热，当他环视房间时，突然来了灵感："今天天气很热，请允许我脱掉外衣，好吗？"这句话转移了话题，同时让客户的右脑感知到天气确实很热，使客户从刚才的理性思维逐渐转移到感性思维。达到这个目的后，接下来爱伦一番有理有据的分析让客户觉得确实如此，于是在右脑的作用下做出了购买的决策。

在这个案例中，起关键作用的显然是爱伦及时抓住了所处环境的特点，发挥了自己右脑感性思维的优势，恰到好处地利用了环境提供给他的条件，采用了与周围环境极适应的语言表达方式，化被动为主动，达到了目的。

用随机应变的右脑实力应对意外

一位销售钢化玻璃酒杯的销售员，面对一大群客户销售他的产品。他先是向客户进行商品介绍，接着开始示范表演，他把一只钢化玻璃杯扔在地上，但杯子没有碎，以示杯子的经久耐用。可是，他碰巧拿了一只质量不过关的杯子，猛一摔，酒杯"砰"的一声碎了。这样的异常情况在他的销售生涯中还没遇到过，真是始料未及，他自己也感到很吃惊。而客户更是目瞪口呆。因为他们已经信服了销售员的说明，只不过是想再验证一下。

面对如此尴尬的局面，销售员灵机一动，他压住心中的惊慌，对客户笑笑，用沉着而富有幽默的语气说："大家看，像这样的杯子我是不会卖给你们的。"

大家一听，都轻松地笑了起来，场内的气氛又变得活跃起来。销售员乘机又扔了几个杯子，都取得了成功，一下子博得了客户的信任，销出几十打杯子。更富于喜剧效果的是，对于销售中的那个"失误"，客户都以为是销售员事先安排的，砸碎杯子只是"卖关子"，吊吊大家的胃口而已。

人的左脑负责深思熟虑，右脑负责现场发挥。也就是说，当人们遇到重大的选择时，需要冷静下来用较多的时间去思考，表现形式就是深思熟虑。但是，当遇到那些没有预先计划而发生的意外时，右脑感性思维的实力就显得非常重要。在销售过程中往往也会发生突如其来的变故，这种"计划赶不上变化"的情况常常使人出乎意料、尴尬困窘。这时候就需要销售员具备高超的随机应变的右脑感性思维应对这些意外，使之化"险"为"夷"。

就像案例中这个销售钢化玻璃酒杯的销售员，本想为客户演示一下酒杯的质量，没想到却遇到了一只不合格的酒杯，让现场非常尴尬。而机智的销售员用一句话就化解了这个尴尬的局面："大家看，像这样的杯子我是不会卖给你们的。"现场的气氛就又活跃起来，出色的右脑实力在紧要关头帮助销售员摆脱了尴尬的局面，成功销售了自己的产品。

运用反向思维，客户更容易接受

哈尔滨市一家大商场销售大庆产拉舍尔毛毯。这种毛毯质地、手感非常好，价格高，一直被放在玻璃柜台里面。为了确保高档商品不被客户弄脏、弄坏，该商场与众多大商场一样，在柜台上竖了一块"贵重商品，请勿动手"的牌子。由于客户不知道这种毛毯质地到底有多好，而且价格又高，因此一个月最多只能卖出四五条。

后来一个人为该商场出了主意：把"请勿动手"的牌子撤掉，换上"请君动手"的牌子。即反其道而行之，让客户触摸拉舍尔毛毯，亲自体会它比其他毛毯好在哪儿。

该商场这一与众不同的举措招徕了很多客户，他们争着用手去触摸毛毯，确实感到它质量好、手感好，于是踊跃购买。在换上"请君动手"牌子的当天，该商场就卖出 48 条拉舍尔毛毯，一天的销售量竟是以前十几个月的销售量。

反向思维，是与人们习惯性的正向思维模式相反的一种思维方式。由于反向思维能使人们想出许多按习惯思路所意想不到的东西，包括风俗、行业风气、产品样式、销售方法等，善于冲破常规，富于创造性，因而对于克服思维定势有很好的效用。将反向思维与销售有机结合起来，实施反向思考营销，对于化解销售僵局有很大作用。

就像案例中的商场，竖着"贵重商品，请勿动手"的牌子，使得毛毯虽然质量很好，却鲜有人问津。而当运用反向思维，把"请勿动手"改成"请君动手"之后，一天的销售量却是以前十几个月的销售量。

让客户高兴大胆地触摸高档商品，目的就是让客户亲自体验它，从而赢得客户右脑中想要购买的指令。再加上服务员耐心周到的服务，客户都容易了解商品，而且感受它的真实性，商场生意自然兴隆。

可见，反向思维只要思路正确，就能满足某些或某个消费群的需求或愿望，给商家带来巨大的商机。

打破思维定式寻求突破口

一位妇女想买一副银灰色的手套，她走进了一家商店问营业员："有银灰色的手套吗？"

营业员冷冰冰地说："抱歉，已经卖完了。"

这位妇女失望地走了。过了一会儿，她来到了另一家商店，问营业员："请问，你们这里有没有银灰色的手套？"

"噢，很抱歉，我们正在进货，可能要过几天才能有。您是否可以考虑一下买白手套呢？天气已经转凉了。"营业员脑子转得快。

"可是……"

"没什么的，白手套今年比较流行。如果您觉得白色的手套容易弄脏，那您还可以购买另一副以备轮换使用，不是方便了许多吗？"

妇女听后觉得的确如此，露出了愉快的笑容，立刻掏钱购买了两副白色手套。

案例中，我们看到，一位女客户要买灰手套，面对她的询问，第一家商店的营业员基于店里灰手套已经卖完的事实，直接回答卖完了，结果客户只有失望地离去。这个营业员显然已经形成了一种思维定式，卖完了就是卖完了，其他的也不用想了，结果失去了销售的机会，而其态度也直接作用于客户的右脑，给客户留下了非常不好的印象。

与之相反的是，面对同样的询问，第二家商店的营业员则采取了积极的态度，在向客户道歉之后，又建议客户："您是否可以考虑一下买白手套呢？天气已经转凉了。"出自内心的关怀，让客户的心里备感温暖，这是销售员高超的右脑感性思维能力的体现。当客户犹豫时，她又陈述白手套今年比较流行，而且可以买两副轮换使用，这番话彻底打消了客户的顾虑，高兴地买了两副白手套。这完全是客户在右脑的感知下做出的感性决策，也是销售员发挥右脑感性思维的优势、突破思维定式的结果。

转变思路刺激客户的消费欲望

夏季过去了大半，而一家商场的仓库里却还积压着大量衬衫，如此下去，该季度的销售计划将无法完成，商场甚至会出现亏损。商场经理布拉斯心急如焚，他思虑良久，终于想出了一条对策，立即拟写了一则广告，而且吩咐售货员道："未经我点头认可，无论是谁都只许买一件！"

不到五分钟，便有一个客户无奈地走进经理办公室："我想买衬衫，我家里人口很多。"

"哦，这样啊，这的确是个问题，"布拉斯眉头紧锁，沉吟半晌，过了好一会儿才像终于下定决心似的问客户："您家里有多少人？您又准备买几件？"

"五个人，我想每人买一件。"

"那我看这样吧，我先给您三件，过两天假如公司还会进货的话您再来买另外两件，您看怎样？"

客户不由得喜出望外，连声道谢。这位客户刚一出门，另一位男客户便怒气冲冲地闯进办公室大声嚷道："你们凭什么要限量出售衬衫？"

"根据市场的需求状况和我们公司的实际情况"，布拉斯毫无表情地回答着，"不过，假如您确实需要，我可以破例多给您两件。"

服装限量销售的消息不胫而走，不少人慌忙赶来抢购，以至于商场门口竟然排起了长队，要靠警察来维持秩序。

下午，布拉斯又想出一个办法：购买衬衫送纸扇。傍晚，所有积压的衬衫被抢购一空，该季的销售任务竟然超额完成，布拉斯的脸上不由得露出了开心的笑容。

　　面对衬衫积压的情况，按照常规的销售方法是不会有很好的效果的，商场经理布拉斯急中生智，想出了限量销售的策略，这是左脑思考的结果。这个策略主要目的在于刺激人们的消费心理。我们知道，人们都有这样的心理，越是得不到的东西越想得到，越是不容易买到的东西越要想方设法买到。布拉斯正是抓住了人们的这种心理，而且采用了相应的策略。结果，正如他所预料的那样，客户盈门。

　　当客户要求多买几件的时候，他又装作很为难的样子，这更进一步刺激了客户想要得到的欲望，这时候，客户已完全是在通过右脑思考了。

　　他又想出了购买衬衫送纸扇的办法，赠品策略同样作用于客户的右脑，让客户的购买欲望更加强烈，最终积压品销售一空，布拉斯超额完成了该季的销售任务。这样的业绩完全取决于布拉斯及时转变销售思路，才让销售僵局柳暗花明。

强化客户的危机意识促成其购买

康耐斯从事保险工作多年了，他知道如何去应对各种类型的客户，尤其是那些还没有保险意识的人。下面就是他说服客户的过程。

客户："我身体很健康，根本不需要买保险！"

康耐斯："听您这么说真应该恭喜啊！不知道您有没有玩过纸牌或是买过彩票？"

客户："玩过一阵子，现在不玩了！"

康耐斯："其实，我们每个人每天都在赌博！（客户愣了一下）和命运之神赌，赌健康、赌平安无事，如果我们赢了，就可以赚一两个月的生活费用，万一输了呢？将把日后家庭所有的费用全部输光。您认为这种做法对吗？您既然认为赌博不好，可是您现在为了省下一点点保险费，却是拿您的健康作为赌本，赌您全家的幸福！"

客户："我有存款可以应付家用，不需要买保险！"

康耐斯："储蓄是种美德，您能这么做可见您是个很顾家的人！但是，我冒昧地问一句，以您目前的存款是否能支付家里五年或十年以上的费用？哦！对了！我刚刚在外面看见您的车子，真漂亮！好像才开一年多吧？不晓得您有没有买安全保险？"

客户："有！"

康耐斯："为什么呢？"

客户："万一车被偷了或被撞了，保险公司会赔！"

康耐斯："您怕车被偷或被撞，为车子买安全险，车子怎么说也只是个代步工具，只是资产的一部分，但是您却忽略了创造资产的生产者——您自己，何不趁现在为家庭经济购买'备胎'？"

　　客户："你说得有道理，那你说以我目前的状况买哪种保险最好呢？"

　　不买保险的人，有的是自认为身体健康不需要买，有的是自认为银行里有存款，可以应付家中生计，也不需要买。这一类型的客户，本身已具有一定的经济基础，只是危机意识不够强，销售员只要能运用自己左右脑感性思维的优势进行说服，让客户树立起危机意识，就一定能达到效果。

　　就像案例中的保险销售员，他面对的就是这种类型的客户，他充分发挥了自己左右脑感性思维的优势。首先他把健康和赌博联系起来进行说明，为客户阐释健康保险的重要性；接下来，又把保险比喻成家庭经济的"备胎"，进一步形象地述说了保险对于客户来说是当务之急。在这个过程中，比喻的运用是右脑感性思维能力的体现，而逻辑分析与说明则体现了销售员高超的左脑理性思维能力，正是在左右脑相互配合下，他最后成功说服了客户。

向客户推销你的"构想"

有一家生产电灯泡的公司，在创业初期，产品销路不畅，于是该公司的董事长到各地去做宣传销售，希望代理商们积极配合，使他们生产的电灯泡能够打入各级市场。

有一次，董事长召集各个代理商，向他们介绍新产品。董事长对参加谈判的各代理商说："经过许多年的苦心研究，本公司终于生产了这批新产品。虽然现在它还称不上是一流的产品，只能说是二流的，但是，我仍然拜托各位，以一流产品的价格来向本公司购买。"

听了董事长的话，在场的人不禁为之哗然："咦？董事长该没有说错吧？谁愿意以一流产品的价格来买二流的产品呢？二流产品当然应该以二流产品的价格来交易才啊！他怎么会说出这样的话呢？难道……"大家都用怀疑的眼光看着董事长。

"那么，请你把理由说出来让我们听听吧！"代理商们都想知道谜底。

"大家知道，目前灯泡制造行业中可以称得上第一流的，全国只有一家。因此，他们算是垄断了整个市场，即他们任意抬高价格，大家仍然要去购买，是不是？如果有同样优良的产品，但价格便宜一些的话，对大家来说不是一种福音吗？否则，你们仍然不得不按厂商开出的价格去购买。"经过董事长这么一说，大家似乎明白了一点儿。

然后，董事长接着说："就拿拳击比赛来说吧！不可否认，拳王阿里的实力谁也不能忽视。但是，如果没有人和他对抗的话，这场拳击赛就没办法进行了。因此，必须要有个实力相当、身手不凡的对手来和阿里打擂台，这样的拳击比赛才精彩，不是吗？现在，灯泡制造业中就好比只有阿里一个人，因此，你们对灯泡制造业是不会产生任何兴趣的，同时也赚不了多少钱。如果这个时候出现一位对手的话，就有了互相竞争的机会。换句话说，把优良的新产品以低廉的价格提给各位，大家一定能得到更多的利润。"

"董事长，您说得不错，可是，目前并没有另外一个阿里呀！"

董事长认为摊牌的时候已经到了。他接着话题继续说道："我想，另外一位阿里就由我来充当好了。为什么目前本公司只能制造二流的灯泡呢？这是因为本公司资金不足，所以无法在技术上有所突破。如果各位肯帮忙，以一流的产品价格来购买本公司二流的产品，我就可以筹集到一笔资金，把这笔资金用于技术更新或改造。相信在不久的将来，本公司一定可以制造出优良的产品。这样一来，灯泡制造业等于出现了两个阿里，在彼此的竞争之下，毫无疑问，产品质量必然会提高，价格也会降低。到了那个时候，我一定好好地谢谢各位。此刻，我只希望你们能够帮助我扮演阿里的对手这个角色。但愿你们能不断地支持、帮助本公司渡过难关。因此，我要求各位能以一流产品的价格来购买本公司的二流产品。"

话音刚落，会议室里就响起了一阵热烈的掌声。董事长的发言产生了极大的反响，收到了很好的谈判效果。代理商们表示："以前也有一些人来过这儿，不过从来没有人说过这些话。我们很了解你目前的处境，所以，希望你能赶快成为另一个阿里。"为了另一个阿里的诞生，代理商们不仅扩大订单，而且愿意出一流产品的价格购买。

在销售中，虚拟未来事件其实是在向客户卖你的"构想"。通过销售员的描绘，让客户感知未来的情形，从而达到销售的目的，这就需要销售员具备高超的左右脑感性思维水平。

在这个案例中，我们可以看出，灯泡公司的董事长就是通过虚拟了一个未来事件才取得谈判的胜利的。在谈判刚开始时，董事长一句"拜托各位以一流产品的价格来向本公司购买"，这句话引起了各代理商的好奇心，这正是董事长的目的所在。接下来，董事长就充分发挥了自己左右脑感性思维的优势，一步步推进自己的计划。

首先，他先分析了灯泡制造业的现状（左脑理性思考），然后又把行业竞争比喻成拳击比赛，把一流的厂家比喻成拳王阿里（比喻来自左脑的策划，但真实意图是影响听者的右脑感性思维，获得其信任或建立专家印象），在代理商们同意了董事长的看法，而且表示"目前并没有另外一个阿里"时（客户原来左脑的思路已经被巧妙地、不知不觉地转移到了右脑上），董事长抓住了时机："另外一个阿里就由我来充当好了。"这时，董事长的思维又从右脑回到了左脑，这是真正左右脑博弈高手的表现。

当董事长有理有据地分析和设想了当灯泡市场上出现"两个阿里"而最终受益的将是各代理商后，彻底征服了代理商（左脑逻辑思维能力的体现），因此他得到了更大的订单。

在这里，我们不得不佩服这位董事长的智慧，赞叹通过左右脑博弈进行销售的精彩。

运用发散思维打破原有的思维模式

番茄酱是日本人最爱吃的一种调料，在日本销量非常大，因此市场竞争也十分激烈。

在众多的经营者中，可果美与森永两家是最重要的竞争者，但长期以来，可果美的销量是森永的两倍。两家质量一样好，甚至森永在广告方面比可果美做得还要多，为什么森永的销量却输给了可果美呢？

森永的老板百思不得其解。

后来，森永的老板发动公司员工分析原因并出谋划策。

经过众人一个多月的努力后，公司收到数百份建议书，其中有一个销售员提出：将番茄酱的包装瓶的口改大，让大的汤匙可以伸进去掏。

奇招，真是奇招！老板立即采纳并投入生产。

结果非常成功，使销量急剧增加，不到半年时间，森永公司的销量超过了可果美；一年后，它占有了日本大部分市场。

为何情况会一下子改变呢？

原来，森永公司的番茄酱与其他公司一样，使用装啤酒和酱油一样的玻璃瓶包装，由于瓶口太小，客户使用时得用力摇晃后将瓶子倒过来，番茄酱才慢慢流出来。这样虽然可节省消耗，但消费量却不会多。

所以，森永公司把瓶口改大后，解决了原来的缺点，喜欢吃番茄酱的日本人，不知不觉中多消费了番茄酱，而且发现它方便使用，故此大家都纷纷购买森永的番茄酱。

发散性思维又叫辐射思维、求异思维、开放思维等，它是指围绕一个中心问题，多方面进行思考和联想以探求问题答案的思维方式。"多"是发散性思维的最大特点：多角度、多层次、多思路、多途径……然后从中选择最好的方法，求得最佳的答案。发散性思维能够打破原有的思维格局，特别是对于创造者可提供一种全新的思考方式。

就像这个案例中销售番茄酱的森永公司，虽然产品质量和广告宣传都比竞争对手要好，但销量却总是输给对方，森永的老板在自己百思不得其解的情况下，发动公司员工积极思考，献计献策，最后在数百份建议书中找到了最佳方案：将番茄酱的包装瓶的口改大，让大的汤匙可以伸进去掏，结果令公司产品销量大增，这就是发散性思维的力量，是通过左脑理性思维在销售中取得的胜利。

因此，在销售中，我们应该充分运用发散思维法，从不同的方面对问题进行分析，准备出多种解决方案，以利于将问题彻底解决。如果只是匆忙地想出一个主意就急于拍板定案，那是很难做到有真正高质量、高水平的最佳方案以付诸实施的。

分析客户的性格和弱点，运用激将法

日本"推销之神"原一平在其销售生涯中曾遇到过一个非常难缠的客户，这个客户是一个很知名的企业老板。原一平采取的是直接拜访的方式。可是，不论原一平什么时候去这位老板的家拜访，总是一个老人来开门，而且总是告诉他："老板不在家，请你改天再来吧！"不管原一平用什么旁敲侧击的方法，他都无法从那个老人口中打听出任何消息。就这样，在三年零八个月的时间里，原一平总共拜访了那个老板70次，每次都扑空了。

终于有一天，原一平打听到，他苦苦寻找的那个老板，正是那个每次来给他开门的老人。这下子可把原一平气坏了：糟老头子，竟敢耍我，你就等着瞧吧！

原一平又一次来到那个老板的家。老人家依然神色自若地说："老板不在家。"

原一平被激怒了，他大声说道："哼！你自己就是老板，为什么要欺骗我呢？我已经来了71次了，难道你不知道我来访问的目的吗？"

"谁不知道你是来销售寿险的。"老人平静地说道。

"真是活见鬼了！如果我只向你这种一只脚已踏进棺材的人销售保险的话，会有今天的原一平吗？再说，我们明治保险公司若是有你这么瘦弱的客户，岂能有今天的规模。"

"好小子！你说我没资格投保，如果我能投保的话，你要怎么办？"

"你一定没资格投保。"

"你立刻带我去体检，要是我有资格投保的话，我看你的保险饭也就别再吃啦！"

"哼！单为你一人我不干。如果你全公司与全家人都来投保的话，我就打赌。"

"行！你快去带医生来。"

"既然说定了，我立刻去安排。"

三天后，原一平安排了所有人员的体检。结果，除了那个老板因肺病不能投保外，其他人都变成了明治保险公司的投保户。这一次的成交金额打破了原一平自己所保持的最高纪录，而且新纪录的金额是旧金额的 5 倍之多。

在这个案例中，原一平拜访一位客户 70 次都没有成功，后来才得知每次给他开门的那个老人就是他要拜访的真正客户，原一平很生气，因为老人的撒谎让他浪费了很多时间和精力。在此要提醒销售员的是，在销售之前一定要对客户进行细致、全面的调查，这样就可以使你免去很多不必要的麻烦。

原一平虽然浪费了很多时间，但从每次与老人的接触中了解到，这个客户对保险非常排斥，也可以说他在一定程度上非常自负和顽固，面对这样的客户，如果采用左脑理性思维的策略一味地向他介绍保险的好处，是不会取得成功的。因此，右脑感性思维策略才是正确的选择。

于是，原一平故意说："你一定没资格投保。"客户被激怒了，失去了先前的理智，由此客户的思维也从左脑的理性思维转向右脑的感性思维，在接下来的对话中，原一平始终把客户的思维锁定在右脑感性思维状态。最后，客户在打赌输了的情况下不得不签单投保。

激将法的运用是一种比较典型的右脑感性思维策略，也是化解客户拒绝最有效的技巧之一。但在运用激将法时，销售员一定要先倾听，从客户的言谈中分析出他的性格，寻找客户的弱点，从而根据不同的交谈对象，采用不同的方法，巧言激将，这样才能收到满意的效果。

第 8 章

全脑较量：左右脑博弈化解客户异议

正确理解客户异议比提供解决方案更重要

一位客户想买一辆汽车，看过产品之后，对车的性能很满意，现在所担心的就是售后服务了，于是他再次来到甲车行，向销售员咨询。

准客户："你们的售后服务怎么样？"

甲销售员："您放心，我们的售后服务绝对一流。我们公司多次被评为客户信得过企业，我们的售后服务体系通过了ISO9000认证，我们公司的服务宗旨是客户至上。"

准客户："是吗？我的意思是说假如它出现质量问题等情况怎么办？"

甲销售员："我知道了，您是担心万一出了问题怎么办。您尽管放心，我们的服务承诺是一天之内无条件退货，一周之内无条件换货，一月之内无偿保修。"

准客户："是吗？"

甲销售员："那当然，我们可是中国名牌，您放心吧。"

准客户："好吧。我知道了，我考虑考虑再说吧。谢谢你。再见。"

在甲车行没有得到满意答复，客户又来到对面的乙车行，乙销售员接待了他。

准客户："你们的售后服务怎么样？"

乙销售员："先生，我很理解您对售后服务的关心，毕竟这可不是一次小的决策，那么，您所指的售后服务是哪些方面呢？"

准客户："是这样，我以前买过类似的产品，但用了一段时间后就开始漏油，后来拿到厂家去修，修好后过了一个月又漏油。再去修了以后，对方说要收5000元修理费，我跟他们理论，他们还是不愿意承担这部分的费用。没办法，我只好自认倒霉。不知道你们在这方面是怎么做的？"

乙销售员："先生，您真的很坦诚，除了关心这些还有其他方面吗？"

准客户："没有了，主要就是这个。"

乙销售员："那好，先生，我很理解您对这方面的关心，确实也有客户关心过同样的问题。我们公司的产品采用的是欧洲最新 AAA 级标准的加强型油路设计，这种设计具有极好的密封性，即使在正负温差 50 摄氏度，或者润滑系统失灵 20 小时的情况下，也不会出现油路损坏的情况，所以漏油的概率极低。当然，任何事情都有万一，如果真的出现了漏油的情况，您也不用担心。这是我们的售后服务承诺：从您购买之日起 1 年之内免费保修，同时提供 24 小时之内的主动上门的服务。您觉得怎么样？"

准客户："那好，我放心了。"

最后，客户在乙车行买了中意的汽车。

在销售过程中，客户提出异议是很正常的，而且异议往往是客户表示兴趣的一种信号。但遗憾的是，当客户提出异议时，不少新入行的销售员往往不是首先识别异议，而是直接进入到化解异议的状态，这样极易造成客户的不信赖。所以，错误的异议化解方式不但无助于推进销售，反而可能导致新的异议，甚至成为销售失败的重要因素。这个案例就是这类问题的典型代表。

案例中，当客户提出"你们的售后服务怎么样"时，说明客户正在通过左脑理性思考，这个问题是客户经过慎重考虑提出来的。这时候，要化解客户的异议就需要销售员把客户的左脑思考不知不觉地转移到右脑，而且促使其决策。

甲销售员显然不懂得这个道理，当客户提出疑问后，他在还没有识别客户的异议时，就直观地去应对，给出了自以为是的答案。客户没有感到应有的尊重，认为销售员回答不够严谨。因此，销售失败也就不足为奇了。

与之相反的是，乙销售员则采用了提问的方式："您所指的售后服务是哪些方面呢？"这是一种典型的右脑策略，给予客户被尊重的感觉，同时也协助客户找到了问题的症结所在，然后又利用自己左脑的专业知识，轻松化解了客户的问题，获得了销售的成功。

分解数字可以让客户直观上感觉很划算

家具城里，一位销售员正在向客户销售一套价格不菲的家具。

客户："这套家具实在太贵了。"

销售员："您认为贵了多少？"

客户："贵了 1000 多元。"

销售员："那么咱们现在就假设贵了 1000 元整。"销售员在说话的同时拿出了随身带的笔记本，在上面写下 1000 元给客户看。

销售员："先生，这套家具您肯定至少打算用 10 年以上再换吧？"

客户："是的。"

销售员："那么就按使用 10 年算，您每年也就是多花了 100 元，您说是不是这样？"

客户："对，没错。"

销售员："一年 100 元，那每个月该是多少钱？"

客户："哦！每个月就是 8 块多点吧！"

销售员："好，就算是 8 块 5 吧。您每天至少要用两次吧，早上和晚上。"

客户："有时更多。"

销售员："我们保守估计为每天 2 次，那也就是说每个月您将用 60 次。（销售员把这些数据都写在笔记本上。）所以，假如这套家具每月多花了 8 块 5 毛钱，那每次就多花不到 1 毛 5 分。"

客户："是的。"

销售员："那么每次不到 1 毛 5 分，却能够让您的家变得整洁，让您不再为东西没合适地方放而苦恼，而且还起到了装饰作用，您不觉得很划算吗？"

客户："你说得很有道理。那我就买下了。你们是送货上门吧?"

销售员："当然!"

价格异议是任何一个销售员都遇到过的情形,比如"太贵了""我还是想买便宜点的""我还是等价格下降时再买这种产品吧"等。对于这类反对意见,如果你不想降低价格的话,就必须向对方证明,你的产品的价格是合理的,是产品价值的正确反映,使对方觉得你的产品值那个价格。在销售中,运用数字技术(左脑理性思考的结果)就可以化解客户类似的价格异议。这个案例就是其中的典型代表。

案例中,销售员向客户销售一套价格昂贵的家具,客户认为太贵了,这表明客户的右脑感性理解在发挥主导作用,这时候销售员需要做的就是淡化客户的这种印象。于是,销售员开始运用自己左脑理性思维的技巧。他先假设这套家具能够使用 10 年,然后把客户认为贵了的 1000 多元分摊到每年、每个月、每天、每次,最后得出的数据为每次不到 1 毛 5 分钱,这大大淡化了客户右脑中"太贵了"的印象,最后成功地售出了这套昂贵的家具。

可见,销售员在与客户的沟通中,如果能够在回答客户的问题时自然地分解数字,让客户理性地思考,感觉到很划算,那么成交也就不再是难事了。

调动客户左脑论证价格，坚定其认识

旧汽车销售商爱伦凭着智谋，把他的旧汽车市场搞得热火朝天。他的利润也像掉进开水里的温度计的温度，不断上升。

一天，一对夫妇来到爱伦的汽车市场，看样子，他们想买一辆车。爱伦向这对夫妇推荐了许多品牌的车，费了不少口舌，然而这对夫妇十分挑剔，总是这不称心，那不如意。他们挑遍了爱伦库里存放的所有车子，但都不如意，最后只好失望地空手而归。爱伦没有流露出丝毫的不满情绪，反而面带微笑地把他们送到门口。在与他们告别时，爱伦要他们留下电话号码，表示有好车时就打电话告诉他们。

事情就这样结束了。但是爱伦的生意经并没有结束，他分析了这对夫妇的心理，决定改变策略，不是竭力向客户销售二手车，而是帮他们选择合适的车，然后帮他们下定买车的决心。

一个星期以后，当一个要卖掉旧车的客户光临时，爱伦决定试验一下他的新策略。他打电话请来了那对夫妇，而且说明是让他们来帮忙的。那对夫妇来了以后，爱伦对他们说："我了解你们，你们都是通晓汽车的行家，今天请二位来，主要是想请二位帮忙看一下这辆车能值多少钱？"这对夫妇非常吃惊，汽车销售商竟然请教他们，这简直是不可能的事情。不过他们还是按照爱伦的要求去做了，丈夫检查了车子的每一个重要部件，还坐上去，开了几分钟，然后他对爱伦说："如你能花 500 美元买下就不要再犹豫了。"

"假如我花 500 美元把它买下，你愿意以相同的价格从我这里买走它吗？"爱伦问道。"当然。我马上可以买下。"就这样，这桩买卖很快就成交了。

　　让客户论证价格是销售员常用的一种方法，就是要求客户自己估价，调动客户通过理性思考来论证这个价格是合理的，是有价值的，让客户相信自己的论证。这是人的习惯意识，这种意识是由右脑控制的。这个案例就是一个通过让客户通过左脑理性论证价格而轻松成交的成功案例。

　　在此案例中可以看出，旧汽车销售员爱伦很善于使用这个策略。在客户第一次来看车时，虽然爱伦向他们推荐了很多车，但都没有让他们非常满意的。这说明这两位客户比较理性，而且自认为是汽车方面的专家。爱伦认识到了这一点，于是他改变了策略，以请客户帮忙为由，请客户为一辆车估价，这就是在调动客户的左脑理性思维进行价格论证，而让对方论证就是用客户的左脑来向他自己证明，从而快速地判断并做决策。因为客户右脑意识里已经形成了一个有价值的认知印象，于是左脑便冲动地、简单地、快速地做决策。正如爱伦预料的那样，客户按照自己给出的价格，痛快地买下了那辆车。

　　因此，当销售员在销售过程中，遇到类似的客户时，不妨向爱伦学习，充分调动客户的左脑理性思维论证价格，让客户心甘情愿地做出购买决策。

让客户冷静下来再次权衡

米切尔是位销售员。有一次，一位客户对他说："米切尔，我不能再向你订购发动机了！"

"为什么？"米切尔吃惊地问。

"因为你们的发动机温度太高了，我都不能用手去摸它们。"

如果在以往，米切尔肯定要与客户争辩，但这次他打算改变方式，于是他说："是！我百分之百地同意您的看法，如果这些发动机温度太高，您当然不应该买它们，是吗？"

"是的。"客户回答。

"全国电器制造商规定，合格的发动机可以比室内温度高出华氏72度，对吗？"

"是的。"客户回答。

米切尔并没有辩解，只是轻描淡写地问了一句："你们厂房的温度有多高？"

"大约华氏75度。"这位客户回答。

"那么，发动机的温度就大概是华氏147度，试想一下，如果您把手伸到华氏147度的热水龙头下，你的手不就要被烫伤了吗？"

"我想你是对的。"过了一会儿，客户把秘书叫来，订购了大约四万英镑的发动机。

在与客户合作一段时间后，客户突然提出终止合作，这种情况在销售过程中也是经常遇到的。这时候更需要销售员具备很强的左右脑感性思维能力。这个案例中的销售员米切尔无疑就是一位高手。

案例中，销售员米切尔接到客户的投诉："我不能再向你订购发动机了。"面对这种情况，最重要的是弄清客户这样做的原因，是客户经过深思熟虑后的决定，还是客户的一时冲动。当得知是因为发动机的温度太高时，米切尔已明白问题并不是出在自己的产品上，而是客户自身的原因，是客户并没有深入思考就冲动地做出了终止合作的决定。

米切尔深知，这时候客户的思维正处于右脑感性思维的控制下，如果与客户争辩，无疑会进一步刺激客户的情绪，对扭转局面是非常不利的。

于是，他首先肯定了客户的说法："我百分之百地同意您的看法，如果这些发动机温度太高，您当然不应该买它们。"这句话，让客户感觉到米切尔是与自己站在同一立场上的，于是情绪逐渐缓和，而且放松了警惕。

接下来，米切尔通过一步步的提问，让客户静下心来进行理性思考。这时，客户终于明白了问题的真正原因，而且决定继续合作下去。

在实际的销售工作中，销售员如果遇到类似的情况，不妨也采用米切尔的左右脑感性思维策略，即先调动客户右脑感性思考，从而取得客户的认可，再调动客户的左脑进行深入思考，最终必会使客户由"拒绝"变为"接受"。

探知客户真实的满意度，转移其现有的忠诚度

宋永志是一家报社的广告销售员，上星期曾拜访了一位客户，但并未成交，今天他打电话给这个客户，探询对方的意向。

销售员："李总，您好，我是××报的宋永志，上星期四我到您公司拜访过，咱们说好今天把广告定下来，您打算做 1/3 版还是 1/4 版？"

客户："我们一直都在××报纸上刊登广告，合作很久了。"

销售员："那确实是不错！你们满意这家报纸吗？"

客户："还不错！挺好的。"

销售员："是什么最令你们满意？"

客户："他们的版面费比较低。"

销售员："李总，您是知道的，我们这个版面费是标准版面费，同行业都是这个标准，而且我们报纸的发行量也是首屈一指的。您在其他小报上做几个广告合起来的发行量还不如我们一家报社，费用却高多了，您说是吧？"

客户："嗯，这……"

销售员："您就别犹豫了，您看是做 1/3 版，还是 1/4 版？"（客户沉默了 10 秒后。）

销售员："李总，您是知道的，目前有很多客户都想做这个头版，您要是再迟疑的话，就错过后天的版面了。今天是最后一天的小样定稿，您看我现在到您那里拿材料，还是……您要是忙的话就交给刘秘书，我过去取，晚上我就给您送小样过去。"

客户："那好吧，我先看看。"

我们知道，一个人的思维是在他长期受生活环境的影响逐渐形成的，只要这个环境没有发生根本性的变化，这种固有思维是很难改变的。

当你给客户打电话的时候，总会遇到这样的答复："我很满意目前的供应商。"其实，仔细分析一下客户答复中所说的"满意"，这个意思可能是 120% 的满意，也可能仅仅是 55% 的满意，甚至有可能是采购人员不愿意改变现状罢了。所以，绝大多数的客户会说："我很满意目前的供应商。"90% 是不愿意多费时、费事而已，而且不是对现在的供应商就真的满意了。所以，这就到了考验销售员右脑感性思维能力的时候了。

案例中的宋永志正是理解了客户所说的"满意"的含义，所以，他并未继续介绍自己报纸的优势，而是说："那确实是不错！你们满意这家报纸吗？"目的是要确定该客户到底对现在的供应商有多满意。接下来又追问客户满意的原因，这是一种充分调动客户感性思维获得对方理解以及认同的技巧。

在得到客户的回答是"版面费比较低"时，宋永志终于了解了客户满意程度的真实性，于是他开始详细分析自己报纸更加优秀的方面，比如发行量很大等，使客户认识到自己报纸的版面费并不高，最后取得了客户的认可。宋永志利用左脑理性思维的策略。

可见，面对类似客户拒绝的时候，销售员可以先通过右脑思考，探知客户满意度的真实性，然后利用左脑理性思维能力说服客户，以达到转移客户现有的忠诚度，替代其目前供应商的目的。

激发左右脑，永远抱着服务客户的准则

瑞德尔是纽约的一位成衣制造商，他给保险公司打电话说，自己的 1 万美元保险立即停保，要求保险公司退款。如果这样的话，这张保单只值 5000 美元。有好几位销售员都跟瑞德尔说，你现在这样做很不划算。他们这样想，这样说，也是为客户考虑，似乎并没有什么问题。但是瑞德尔还是坚决要求退保："不必啰唆，把 5000 美元还给我就是啦！"

维尔特——公司的业务高手之一正在跟该区的业务经理聊天，这时，一个销售员进来请经理签支票，好支付给纽约的瑞德尔。

经理签了支票，销售员摇着头说："这个纽约保户，真拿他没办法，既顽固又不讲理。"

维尔特问："到底出了什么事？"

"这位老兄，一定要把保单退掉，即使损失掉 5000 美元，也坚持要收回现金。"维尔特一听，来了兴趣，说："我恰好明天要去纽约，顺便帮你们送去这张支票如何？"

"那太感谢了，我们是求之不得的。但是，老兄，您这是在给自己找麻烦呀！他在电话里口气就好像要杀掉我才罢休似的，这个人好像恨极了保险销售员。只是给您一句忠告：不必浪费时间去说服他。"

维尔特当即打电话给瑞德尔，瑞德尔要维尔特把支票寄过去。但维尔特坚持把支票亲自送过去，瑞德尔也就同意了。双方谈妥了见面的时间。

两人刚一见面，瑞德尔就开口要支票。维尔特说："您能不能给我 5 分钟的时间，咱们谈一谈？"瑞德尔一听就大声说："你们这些人都是这个样子，谈、谈、谈，不停地谈。你知道我等这一笔钱，等得有多急吗？我告诉你，我已经等了 3 个星期啦！现在还要耽搁我 5 分钟！告诉你，我没有时间跟你磨蹭。"

瑞德尔又开始大骂以前所有联系过的销售员，连维尔特也骂了进去。维尔特仔细地听着他的高声辱骂，有时还附和他几句。他这样的态度，让瑞德尔倒感觉不好意思了，渐渐地，他停了下来。

从瑞德尔的反应中，维尔特已经猜到，他肯定是遇到了什么急事，急着用现金。因为，作为商人的瑞德尔，不会不知道放弃保单意味着多大的损失，但他还这样强烈地要求，必定有他的原因。

等瑞德尔安静下来的时候，维尔特说："瑞德尔先生，我完全同意您的看法，实在抱歉，我们没能给您提供最好的服务，我们公司实在应该在接到您的电话后 24 小时内，就把支票送来。现在我把支票带来了，有一点我不得不说明，您在这时候停保，损失很大。这是您要的钱，请收下！"

瑞德尔收下支票，说："你说得不错，我要退保，就是为了要拿到这 5000 美元，好周转我的资金，你们公司就是不能爽快地把欠我的还我，哼！既然支票已经拿来了，现在你可以走了。"

维尔特没有走，他说出的一番话，让瑞德尔大吃一惊："您只要给我 5 分钟的时间，我就告诉您如何不必退保，而且还能拿到 5000 美元。"

"别骗我！"瑞德尔虽然不相信，但还是忍不住想知道，"说吧，我看你还有什么把戏。"

"如果您把保单作抵押向本公司借 5000 美元的话，只需要付出 5% 的利息，而且保单继续有效。而且在这种情况下，如果发生什么意外的话，本公司仍然付 5000 美元赔偿金给您。这样您不但可以拿到救急的钱，还可以拥有您的保险。"

瑞德尔一听这个办法，立即就对维尔特说："谢谢您，这是支票，麻烦您帮我办理这个业务。"

就这样，维尔特挽救了 1 万美元的保单。

半年以后，维尔特又去拜访瑞德尔，瑞德尔的财务危机已经过去。维尔特为瑞德尔详细规划了一下他的保险问题，赢得了瑞德尔的认同，瑞德尔欣然买下一张 20 万美元的保单。在随后的半年里，维尔特又卖给瑞德尔两笔抵押保险以及一笔意外险。

又过了半年，瑞德尔第二次从维尔特那里购买了一笔人寿保险的大单。

销售员销售的不仅是产品，还包括服务。销售工作不能仅仅就产品论事，也不能仅仅就一时利益论事，更应该以服务的原则让客户觉得你永远在关心他们，只有这样，才能让客户永远购买你的产品。这个案例就是一个发挥左右脑优势为客户提供优质服务的实战案例。

在此案例中，客户瑞德尔要求退保，但在这时退保他会有很大的损失，保险销售员维尔特在得知客户瑞德尔要求退保的消息后，主动请求给瑞德尔送支票，他的目的就是想要了解一下客户退保的真正原因，这时通过左脑理性思考的思维习惯。面对情绪非常不好的瑞德尔，维尔特并没有急于发表意见，而是附和着他的话（体现销售员高超的情绪判断能力、沟通能力，直接作用于客户的右脑，让他感性思考），这让瑞德尔的情绪逐渐稳定下来，而且还"感觉不好意思了"，说服策略的效果显现出来了。

当维尔特了解到瑞德尔退保的原因是由于资金周转不开后，又利用自己丰富的专业知识，为他建议了一个不用退保也能得到周转资金的好办法（左脑理性思维能力的体现），而且得到了客户的认可。

维尔特为客户挽救了 1 万美元的保单，原因在于，他是抱着服务客户的准则来处理这件事情的。一般的销售员，只是告诉瑞德尔，"你放弃保单会遭受损失的"，瑞德尔也知道这个，所以这个信息是无用的信息。而维尔特的办法是要找到瑞德尔放弃保单的真正原因，然后想办法帮他解决，这就是服务的精神。

正是这种优质服务直接作用于客户，让客户通过感性思维对销售员瑞德尔产生好感，让他成为维尔特的长期客户。

从结论到现象，通过左脑演绎消除客户顾虑

王境泽是从事煤气炉销售工作的，一次，他向一位客户销售煤气炉，经过宣传、解释，客户有了购买的意向。但在最后时刻，客户变了卦。客户说："你卖的煤气炉 588 元一个，太贵了。"

王境泽不慌不忙地说："588 元也许是贵了一点儿。我想您的意思是说，这炉子点火不方便，火力不够大，煤气浪费多，恐怕用不长，是不是？"

客户接着说："点火还算方便，但我看煤气会消耗很多。"

王境泽进一步解释说："其实谁用煤气炉都希望省气，省气就是省钱嘛。我能理解，您的担心完全有道理。但是，这种煤气炉在设计上已充分考虑到客户的要求。您看，这个开关能随意调节煤气流量，可大可小，变化自如；这个喷嘴构造特殊，使火苗大小平均；特别是喷嘴周围还装了一个燃料节省器，以防热量外泄和被风吹灭。因此，我看这种炉子比起您现在所用的旧式煤气炉来，要节约不少煤气。您想想是不是这么回事？"

客户觉得王境泽说得有道理，低头不语。王境泽看出客户心动了，马上接着问："您看还有没有其他的顾虑？"

客户的疑虑完全打消了，再也说不出拒绝购买的理由了，随即说道："看来这种煤气炉真的很好，那我就要一个吧！"

人类具备两个基本的逻辑思维能力：一个是归纳，一个是演绎。销售员经常与客户沟通，对这两个能力应用的要求表现在：一个是讲述现象，一个是讲述结论。从现象到结论是一个归纳的过程，从结论到现象是一个演绎的过程。这两个能力都需要较强的左脑理性思维能力，需要通过充分思考。这个案例就是以演绎能力制胜的典型案例。

在案例中，客户在有了购买意向后，突然变卦说煤气炉太贵了，很显然客户出现了异议，当然也可能是客户拒绝购买的借口。销售员王境泽了解了客户的想法后，说："588元也许是贵了一点儿。"这句话中，王境泽首先承认客户的立场，然后把对方的抽象的立场转换成具体的有关商品本身的性能问题，因为这些都是可以检验的。同时，商品价格的高低，只有与商品的性能联系在一起，才有客观的标准。

果然，客户又说："点火还算方便，但我看煤气会消耗很多。"很显然，客户的拒绝已从"价钱太贵"缩小到"煤气消耗太多"上来了。王境泽抓住"煤气消耗太多"这个结论，开始发挥自己左脑的演绎能力，为客户详细解释了产品是如何节约煤气的，完全打消了客户的顾虑，最终客户决定购买。

可见，在销售过程中，销售员要善于抓住客户话语中的结论性语句，然后发挥自己的左脑演绎能力，找出符合那个结论的各种现象，从而取得客户左脑的认同，最后成功签单。

全脑博弈，推动客户的左脑思考向右脑发展

一家化工企业需要引进西门子先进的、高效率的流水线设备。谈判时，该企业的采购经理提出了一个小小的要求："目前，我们企业前期投资太大，又碰到央行的宏观调控，资金相当紧张。您看，能否将付款期限再延长一次，就3个月，下次绝对不再延长了。"

面对客户的请求，西门子高级商务代表做出了经典回答："宏观调控的确限制了许多中国企业的现金流，可是西门子也有自己的财务体系，而且都是董事会管理，我也不可能向老板这样汇报呀。老板肯定会问我，中国宏观调控了中国企业，与我们会有关系吗？要知道，外国人不懂中国的情况。我有心陈述，替您说话，您说我的业绩没有了，谁替我说话呢？还真不是我不给您面子，实在是都各为其主，我也是没有办法。再说了，你们上亿的项目，怎么着也不缺这100万元的口呀，您说呢？"

最终，西门子拿到了合同中应该得到的款项支票。

在销售过程中，面对客户提出的不能接受的要求，销售员要能够充分发挥自己的全脑思维优势，反驳客户的要求，促进成交。这个案例就是全脑博弈的一个典型案例。

在案例中，这家化工企业需要引进西门子的设备，但他们提出了一个要求："企业前期投资太大，又碰到央行的宏观调控……"这是客户在以足够的理性分析来影响销售员，通过对处境的、可以理解的分析让销售员让步。通常，销售员为了不至于损坏未来的关系，不得不答应对方的要求，从而导致自己的企业资金回收遇到问题。其实，这是一个全脑销售博弈的经典体现。

　　这个要求对于西门子的销售员来说是不能接受的，但反驳客户的要求是需要技巧的，既不能得罪客户，还要让客户心悦诚服地接受。西门子的销售员的回答就十分巧妙，他首先分析了自己的处境，反驳了客户的要求，这是左脑理性思维能力的体现。后半部分的回答"我有心陈述，替您说话，您说我的业绩没有了，谁替我说话呢……"则体现了销售员高超的右脑感性思维能力。这个回答就是高级的左脑理性思维向右脑感性思维的转换过程，目的在于推动客户的理性思考向感性思考发展，让左右脑博弈的魅力得到了完美的体现。

制造悬念，减弱客户理性的拒绝意识

克林顿·比洛普是美国一位销售行家，在创业初期，为了多赚一点钱，他曾为康涅狄格州西哈福市的商会销售会员，而且借此敲开了该市各企业领导人士的大门。

有一次，他去拜访一家小布店的老板。这位老板是第一代土耳其移民，他的店铺离一条分隔东哈福市和西哈福市的街道只有几步路的距离。结果，这个地理位置成了这位老板拒绝加入商会的最佳理由。

"听着，年轻人，西哈福市商会甚至不知道有我这个人。我的店在商业区的边缘地带，没有人会在乎我。"

"不，先生，"克林顿·比洛普坚持说，"您是相当重要的企业人士，我们当然在乎您。"

"我不相信。"老板坚持己见，"如果你能够提出一点证据反驳我对西哈福市商会所下的结论，那么我就会加入你们的商会。"

"先生，我非常乐意为您做这件事。"比洛普注视着老板说，"我可不可以和您约定下一次会面的时间？"

老板一听，觉得这是摆脱比洛普最容易的方式，于是毫不犹豫地说："当然，你可以约个时间。"

"嗯，45 分钟之后您有空吗？"比洛普说。

老板十分惊讶，他没想到比洛普要在 45 分钟之后再与他会面。惊讶之下，顺口说了，"嗯，我会在店里。"

"很好，"比洛普说，"我会在 45 分钟后回来。"

比洛普快速离开布店，然后直接往商会办公室冲去。他在那里拿了一些东西之后，又到邻近的文具店买了该店库存中最大型的信封。带着这个信封，比洛普再次来到布店。他把信封放在老板的柜台上，开始重复先前与老板的对话。在交谈的过程中，老板的目光始终注视着那个信封，猜想里面到底装了什么。

最后，他终于忍不住了，就问："年轻人，我可不想一直和你耗下去，这个信封里到底装了什么？"

比洛普在信封里取出了一块大型的金属牌。"商会早已做好了这块牌子，挂在每个重要的十字路口上，以标示西哈福商业区的范围。"比洛普带着老板来到窗口说："这块牌子将挂在这个十字路口上，这样客人就会知道他们是在西哈福区内购物，这便是商会让人知道您在西哈福区内的方法。"

老板的脸上浮现一丝笑容。比洛普说："好了，现在我已经结束了我的讨价还价了，您也可以把您的支票簿拿出来好结束我们这场交易了。"

老板便在支票上写下了商会会员的入会费。

开门见山、直奔主题是一种销售方法，出其不意、欲擒故纵也是一种销售方法，而后者往往比前者更能促成交易。

在这个案例中，年轻时的克林顿·比洛普为了生计，为康涅狄格州西哈福市的商会销售会员。这次他的目标客户是一家小布店的老板，而这家店正好位于一条分隔东哈福市和西哈福市的街道的旁边，这个位置成了布店老板拒绝加入商会的理由："西哈福市商会甚至不知道有我这个人，我的店在商业区的边缘地带，没有人会在乎我。"这是一种客户左脑思考后得出的结论。

比洛普要想拿下这个订单，就必须把客户的理性思考转向感性思考。这时候，比洛普发挥了自己右脑感性思维的优势，他采用了欲擒故纵的谈判策略："我可不可以和您约定下一次会面的时间。"这让客户放松了警惕，以为可以就此摆脱比洛普，于是就同意了，说明此时客户理性的防范意识减弱。

第 9 章

抓住客户的"微行为"促成交易

根据客户的真实想法随机应变

一位打扮时尚的女孩走进一家服装专卖店，仔细观看着挂在衣架上的几款 T 恤。她看了一会儿，从衣架上取下一件很有特色的 T 恤，又仔细端详了一会儿说："请问这个多少钱？"

"198 元。"售货员回答。

"给我包起来吧！"女孩说道。

为她包衣服的时候，售货员习惯性地恭维了她一句："小姐真有眼力，很多女孩都喜欢这种款式。"那位女孩一听此话，沉吟片刻，然后微笑着对售货员说："抱歉，我不要了！"

没想到，一句恭维话反倒使客户中止了购买！

售货员真心客气地问："怎么，这样子您不喜欢吗？"

"有点。"她也很客气地回答，然后准备离开。

售货员立刻意识到，刚才那句恭维话有误，必须赶紧补救。

售货员趁她还未走开，赶紧问："小姐，您能否告诉我您喜欢哪种款式的？我们这款 T 恤可是专门为像您这样年轻时尚的女孩设计的，如果您不喜欢请留下宝贵的意见，以便我们改进。"

听了售货员的话，女孩解释道："其实，这几款都不错，我只是不太喜欢跟别人穿一样的衣服。"噢！原来那女孩喜欢与众不同。

"小姐，请您原谅。我刚才说很多女孩都喜欢这种款式，但由于质量好，价格高，所以买的人并不多，您是这两天里第一位买这种款式的客户，而且这种款式我们总共才做了 10 件。"

经过售货员一番争取，那位时尚女孩最终买走了那件 T 恤。

销售高手在销售产品之前，一定要先深入了解客户的想法，然后采取相应的策略。如果因为没有了解客户的所思所想而造成销售障碍，就需要销售员激发自己的左右脑感性思维能力，扭转销售僵局。

就像这个案例中的服装售货员，在看到一位时尚女孩挑选了一件 T 恤后，习惯性地恭维了一句："小姐真有眼力，很多女孩都喜欢这种款式。"本来这句话是想获得客户好感，没想到却适得其反，客户中止了购买。造成这种情况的原因就是客户喜欢与众不同，而售货员没有了解客户的想法就盲目恭维，结果遭到客户的拒绝。

接下来，售货员的表现则充分显示了她随机应变的能力（右脑感性思维能力）和高超的语言艺术（左脑理性思维能力）："小姐，您能否告诉我您喜欢哪种款式的？我们这款 T 恤可是专门为您这样年轻时尚的女孩设计的，如果您不喜欢请留下宝贵意见，以便我们改进。"正是这句关键性的话，使售货员了解了客户的真实想法，然后又有针对性地进行了解说："我刚才说很多女孩都喜欢这种款式，但由于质量好，价格高，所以买的人并不多……"从这句话中我们也可以看出售货员出色地运用了语言的技巧。最终客户买走了那件 T 恤。

从这个案例中可以看出，了解客户想法的基本手段就是运用语言艺术。通过各种有效的语言艺术，销售员可以探知客户的所思所想，了解形成销售障碍的原因，从而为使用正确的销售技巧、促使客户购买奠定基础。

多提内容积极的问题，强化客户的购买意识

吴应宏是一名家用电器的销售员，一天有一对夫妇来到家电区打算看看电冰箱，吴应宏以亲切的态度做了适当说明后，发现这对夫妇似乎有购买意向，于是她便抓住时机发动热情攻势。

"先生家里有几口人？"丈夫回答说有 5 口人。

吴应宏又转过身来问太太："太太是隔日买菜呢，还是每天都上市场买？"太太笑而未答，吴应宏并未放弃，继续热情地为这位太太做了个"选择答案"。

"听说有人一星期买一次，有人 3 天买一次，他们认为 3 天买一次，菜色不会有变化。太太您喜欢哪一种买法呢？"

太太终于回答说："我想 3 天买一次更好些。"

"家里常来客人吗？"

"有时候。"

"在冰箱里储存些食品，既可以保鲜，又可以应付突然来的客人啊。"

这时丈夫蹲下来查看冰箱的下方放啤酒的地方，估算着可以放多少瓶啤酒。

吴应宏马上说："先生，听说爱喝啤酒的人是这样的，一次买上一打。这样的天气，每天晚上下班回家享受一瓶冰镇啤酒，嘿，男人们的福气可真好哦！"

吴应宏又问太太："太太，您看这个可以容纳 3 天的鱼肉蔬菜吗？"

"可以，可以，刚刚好。"

"你看这个小点的够不够？"

"不行吧。"

"太太，您打算把冰箱放在什么地方？是客厅里还是厨房里？"

"厨房太小了，没有空间。"

"是啊！我也这么想。"

吴应宏又继续为这对夫妇勾勒了一番动人美景："夏天的冰镇啤酒、西瓜、汽水、软包装饮料，解暑可口；就是冬天的冰淇淋也别有一番风味，更不要说随时取出青嫩的蔬菜和新鲜的鱼肉了。尤其是用上电冰箱可以节约买菜的时间，也可以省下不少的菜钱，还可以从容不迫地招待那些突然登门的客人，真是一举数得啊！"

紧接着，吴应宏又问："先生住在哪儿？离这儿远吗？"

"不太远，就在附近。"

"那么是马上送到府上，还是明天一早给您送去好呢？如果今天送去，明天就可以放进很多新鲜蔬菜和鱼肉啦！"

太太："还是明天吧。我们要先空出地方来。"

就这样，吴应宏成功地卖出了一台冰箱。

与客户交谈时，销售员应该多提一些内容积极、肯定的问题，这样可以引导客户的大脑朝着积极的方向思考，以增强他们对产品的信心。这个案例中的销售员吴应宏就是善用此法的高手。

开始时吴应宏只是简单介绍了一下，发现对方有购买意图后，才进行下一步，这是右脑感性思维能力的一种体现。

吴应宏开始积极发问，善于提问也是一种技能，从家里的人口，到买菜的规律，看似随意却是事先精心设计好的。

当吴应宏留意到男客户查看放啤酒的地方，她马上借题发挥"先生，听说……"

这段话体现了销售员高超的右脑感性思维能力。在快要结束谈话时，销售员又发挥了右脑的联想能力，为这对夫妇勾勒了一番美景："夏天的冰镇啤酒……真是一举数得啊！"显然这段话已完全打动了客户的心。

最后，销售员询问客户的住址，其实她此时的问话并非真想了解这对夫妇离商场的距离，而是把销售引向了一个新的目标阶段——要把货送到客户家里。果然，她顺理成章地实现了成交。

在这个案例中，设计问题依靠的是左脑理性思维能力，而现场发挥又是依靠右脑感性思维来完成的。所以说，整个销售过程是问题设计的技能在左脑的基础上通过右脑来表现的，这也是左右脑相互配合的结果。

制造稀缺气氛，给客户施加压力

营销高手玛丽·柯蒂奇是美国米尔房产公司的经纪人，她曾在半小时之内卖出了一套价值五十多万美元的房子。

米尔房产公司设在佛罗里达州海滨，这里位于美国的最南部，每年冬季都有许多的北方人到此度假。

一天，玛丽正在一处新转到她名下的大房子里参观。当时，与玛丽在一起的，还有公司的另外几个经纪人。他们一行打算在参观完这间房屋之后，再去看看别的房子。

就在玛丽一行这看看那看看的时候，有一对夫妇也在看房子。房主见状，马上对玛丽说："嗨，玛丽！快去和他们聊聊，也许会有收获呢！"

"知道他们是谁吗？"玛丽问。

"不知道。原先我还以为他们是你们公司的人呢，因为你们几乎是同时进来的。后来我才发现我错了，他们是自己过来的。"房主说。

玛丽听后，就快步走到那对夫妇面前，面带微笑地伸出手说："嗨，你们好，我是玛丽·柯蒂奇。"

"您好。我是邓恩，这是我太太丽莎。"那名男子说，"我们在海边散步，见这儿有房子参观，就过来看看。我们不知道……"

"欢迎欢迎！"玛丽说，"我是这房子的经纪人。"

"我们是顺道来的，车子就放在门口。我们从弗吉尼亚来这里度假，过一会儿就打算回去。"

"哦，是这样啊！没关系的，你们可以随时来参观房子。"玛丽边说边把一份资料递给邓恩。

丽莎临窗看海，顿感心旷神怡，她自言自语地说："这儿真美！简直美极了！"

"但是亲爱的，我们必须回去了，要回到冰天雪地里去。"邓恩无奈地说，"这真是一件令人不开心的事情！"

玛丽又热情地和他们交谈了几分钟，就见邓恩掏出名片递给玛丽，说："认识你很高兴，这是我的名片，希望以后常联系。"

玛丽刚想掏名片给邓恩夫妇，但猛地停住了，她出人意料地对他们说："我有个好主意，既然我们谈得如此投机，为何不到我的办公室好好聊聊呢？我的办公室很近，只几分钟的车程而已。你们出门后向右拐，过第一个红绿灯后左转。"

玛丽对自己的建议很自信，她不等他们同意与否，就率先走了，边走边对那一对夫妇喊："我们待会儿办公室见！"

玛丽的两个同事早已坐在车上等着她，玛丽就给他们讲了刚才的事情。他们都不相信能在办公室看见那对夫妇。

还没等玛丽的车子停稳，他们就发现停车场上有一辆凯迪拉克轿车，车上装满了行李，从车牌标志可以清清楚楚地看出这辆车来自弗吉尼亚！

在玛丽的办公室内，经过短暂的寒暄，邓恩就问："这套房子上市有多长时间了？"

"老实说，这套房子在别的经纪人名下有半年了，今天才刚刚转到我的名下。房主急等用钱，现在降价出售，我想应该很快就会成交。"玛丽回答。她看了看丽莎，然后盯着邓恩说："很快就会成交，我对这个很自信。"

丽莎对邓恩说："要是我们能有一套海边的房子就好了，因为我非常喜欢大海。如果那样的话，我们以后就可以常常去海边散散步。"

玛丽就问丽莎："您先生是做什么的？他的工作一定很辛苦吧？"

"邓恩在股票公司做事，他的工作非常辛苦。我希望他能够好好休息、多多放松，这也是我们每年都到佛罗里达旅游的原因。"丽莎说。

"每年都来?"玛丽问。

"是的,每年都来。"丽莎回答。

"我想,如果你们每年都来这里的话,就应该在这里有一套属于自己的大房子。你想想,每次来到这里,就好像回到了自己的家一样,那是多么的舒服啊。

"更重要的是,这样不仅可以大大提高你们的生活质量,也将大大延长你们的寿命。"玛丽说。

"我也是这样想的。"丽莎和邓恩几乎同时说出了这句话。

接着,他们就陷入了沉默。玛丽知道他们在思考,所以也不说话,等着邓恩开口。过了片刻,邓恩开口说:"我还是感觉房子的价格有点高。"

"房价其实很合理,我想很快就会卖掉的,我以我的经验保证。"

"为什么如此肯定?"

"能够眺望海景的房子并不多,不是吗?而且房子刚刚降价。"

"但我发现这里的房子很多。"

"我承认,这里的房子是很多。我相信你也看了不少。我想你不会没有发现,这套房子是很少的拥有自己车库的房子之一。你只要把车开进车库,就等于是回到了家。你只要上楼梯,就可以喝上热腾腾的咖啡。而且这套房子附近有这里最好的娱乐场所和大小餐馆,别的房子就没这么多的方便了。"

邓恩想了想,向玛丽报了一个价,然后很果断地说:"这是我愿意购买的价格,再多一分钱我都不想要了。他不用担心贷款的问题,我可以付现金。如果房主同意,我将感到很高兴。"

玛丽一听邓恩的报价只比房主的要价少一万美元,就说:"你的条件我想应该没问题,但我需要你的一万美元作为订金。"

"这个没问题,我现在就可以给你写一张支票。"邓恩说。

"请在这里签名。"玛丽把合同递给邓恩。

至此，整个交易宣告完成。玛丽从见到这对夫妇，直至交易成功，用了还不到半小时的时间！

当我们的大脑发现即将缺失一样东西时，会迅速做出避免缺失的决策，这种通过考虑损失和保存所得的决策行为叫作前景理论。

前景理论的一个表现是损失厌恶，也就是人们特别讨厌损失，所以不愿意放弃已经得到的东西，利用大脑害怕失去的本能，我们就可以人为制造稀缺，从而驱动消费者的各种购买行为。

当我们在打客服电话的时候，我们经常会听到提示座席正忙，同样是让用户等待，为什么不提示稍后有人接听呢，原来这是一种营销手段，当听到座席正忙的提示，会产生服务稀缺的感觉，这种稀缺感就会激发人们害怕失去的感觉，所以也就甘愿慢慢等待。

这个案例就是销售员制造稀缺效应成功拿下大客户的一个经典案例。我们发现邓恩夫妇虽然对这套临海的房子很满意，但他们当时并没有购买的意思。假如玛丽只是将自己的名片交给他们，事情多半会泡汤。玛丽知道，在这种情况下，必须利用邓恩夫妇在现场的有限时间，快速完成交易。怎样才能快速地完成这项交易呢？玛丽采取的方法很简单，即制造紧张气氛，给对方传递一个信息：想买的话就赶快，否则就没了。此招果然见效，在短短的半小时之内，玛丽就完成了其他经纪人半年都没有完成的任务。

可见，给客户制造稀缺效应是一种比较有效的战术，它会使客户在无形中感到一种压力，但他们感觉不出这是销售员施加的压力，而以为是他们自己造成的。因此，使用这种销售技巧，就需要销售员具备很高的右脑感性思维能力，即说话具有感染力，对于环境有极强的控制能力，而且能够灵活地加以变换。

通过讥讽刺激客户重新理性思考

卢布尔是一个办公设备销售员，他为人胆大心细，为了完成交易，他通常会去冒险使用各种方法，有时甚至会讥讽对方，以此刺激对方购买产品。

一次他和一位办公室经理谈生意。那位办公室经理想买一台新的打印机，但他害怕他的上司会批评他，于是这桩生意迟迟没有确定下来。卢布尔再三与他联系，但还是没有进展。

卢布尔后来调查清楚了，这个人非常爱面子，于是，他想，不妨利用他的骄傲去消除他对上司的恐惧，于是当卢布尔又一次拜访他时，拍了一下他的点式字模打印机说道（声音大得全办公室的人都能听得见）："T 型福特！T 型的！"

"你说 T 型是什么意思？"那位办公室经理问道。

"没什么，T 型福特就是福特公司当年风靡一时的名车，不过早就过时了，就像你的点式字模打印机。现在还用这种古董，实在太落伍了！"卢布尔说道。

这句话深深地触动了那位经理，他坐在那里陷入沉思。两天后他打电话给卢布尔说，他想用激光打印机代替他原来的那部。

客户怕花钱，但更丢不起面子。办公室用过时的旧机器确实令他尴尬。卢布尔说："当然，我不会对所有的客户都用这一方法。这很冒险。但我了解我的客户，而且能预测他们的反应。"

巧用客户怕丢面子的心理可以激发客户的购买欲，提高销售员的销售业绩。这个案例就是用讥讽的方式拿下爱面子的客户的典型案例。

案例中，卢布尔为了向一位办公室经理销售自己的激光打印机，费了很多口舌也没能说服他。从这儿可以看出来，传统的销售方法对这位客户并不适用，也就是说卢布尔试图通过介绍产品的性能、特点去打动客户已经不可能了（这是左脑策略的失败）。卢布尔是一位左右脑销售的高手，这时候，他及时转变了策略：得知客户非常爱面子，他决定冒一次险，采用讥讽的手段刺激客户的购买欲。冒险是销售员右脑感性思维能力的体现，它同时作用于客户的右脑，让客户在右脑的感知下重新进行理性的思考，最后卢布尔的右脑策略成功了。

　　爱面子是人性中的通病，因此，当销售员运用传统的销售方法不能成功的时候，不妨发挥自己的右脑优势，去冒一次险，对骄傲的、爱面子的客户采取讥讽的方式来刺激他的购买欲，也不失为一条妙计。但是，只有了解了客户的心理，准确预测客户的反应，方能险中求胜。

利用从众心理，影响客户的右脑

小关是一位汽车销售员，他有自己的一套销售方法，就是在公司的销售记录中，搜寻一些有影响力的客户，把这些人和他们买的车型一一记下来，而且每天都把这份名单随身携带着。

一天，一个多月前来过的那位贸易公司的刘总又来了。小关高兴极了，心想刘总的车一定还没买，否则，他就不会来了。他清楚记得刘总中意的是一款尼桑车，之所以没买，是因为嫌价格太高。今天，小关的把握大多了，一是刘总是回头客，八成是舍不得自己看中的车；二是有一家著名进出口贸易公司的林总裁买的也是尼桑车。

刘总说："我上回看中的那辆尼桑，还停在那里，没有谁付下订金吧？"刘总边环顾四周边说。

"哦，那个车，客户来了都要看上几眼，好车嘛，但一般人哪买得起，这不，它正等着刘总您呢。"小关微笑着说道。

小关忙取来钥匙，打开车门，说："刘总，这样好的车，您亲自驾驶感受一下名车带给您的自信与成就感。"

试了车，刘总对车更加满意，只是仍然觉得价格太高。

刘总说："我确实中意这辆车，你看价格上能否再优惠些，或者我是否有必要换一辆价位低一点的？"

小关知道，换车，只是刘总讨价还价的潜台词。

小关马上接口道："价格是高了一点，但物有所值，它确实不同一般，刘总您可是做大生意的人！开上它，多做成两笔生意，不就成了嘛。"

小关接着说："哦，对了，刘总，××贸易公司的林总裁您认识吗？半年前他也在这儿买了一辆，跟这车一模一样，真是英雄所见略同呀。"

"哦，林总，我们谁人不知啊，只是我这样的小辈还无缘和他打上交道。他买的真是这种车？"刘总的眼睛一亮。

"是真的。林总挑的是黑色的，刘总您看要哪种颜色？"

"就这个红色吧，看上去很有活力。"刘总拍了拍车，就这样决定了。

"从众"指个人受到外界人群行为的影响，而在自己的知觉、判断、认识上表现出符合公众舆论或多数人的行为方式，是社会认可作用的一个表现。应用到销售中，它又是销售员影响客户右脑的一个诀窍，利用人们的从众心理，往往可以起到事半功倍的作用。就像这个案例中的汽车销售员小关，他就是使用了这个方法成功销售了一辆价格不菲的汽车的。

小关在公司销售记录中搜寻了一些有影响力的客户，把客户姓名和购买的车型都记下来，并随身携带。这是左脑理性思维能力在销售中的体现。

当客户刘总第二次来到车行时，小关通过分析，把握了客户的心理，而且想好了对策。这也是左脑理性思维习惯。

请客户试驾，进一步增强客户的满意度；赞美客户，获得客户的好感，这些都是典型的右脑策略，为最后的成交奠定基础。

最后使出"撒手锏"。"对了，刘总，××贸易公司的林总裁您认识吗？半年前他也在这儿买了一辆跟您一模一样的车，真是英雄所见略同呀。"看似不经意的一句话，其实是充分利用了客户的从众心理，通过他人认同影响客户的右脑，让客户在右脑的感知下做出购买决定。

最后，正如小关预料的那样，刘总非常痛快地签了单。

在销售中注入柔性，才能引来回头客

长沙某电器商场位于一家生意极其火爆的大超市旁边，离短途客运站也不远。该商场制定了三公里范围内免费送货上门的服务规则。可想而知，要送的一般是较大宗、价值不菲的商品，如冰箱、彩电、洗衣机等。

一天，一位大爷担着两大袋从超市采购的物品，又从电器商场选购了两台电烤炉，说他儿子明天结婚要用，然后要求送货。从大爷报的地址来看，距离有 5 千米左右，已到郊区，两台电烤炉价格也就几百元，打包重量不会超过十公斤，体积也绝对不会令一个成年人拎着难以接受。怎么办？不送，大爷肯定弄不回家，生意无疑也做不成了；送吧，与商场的服务规则相去甚远。

于是店员不得不向大爷解释大宗商品和三公里以内免费送货的服务规则，大爷的失望是写在脸上的，他问："为什么每个店都一样？"恰巧路过的经理被这句话问住了，是啊，为什么都一样呢？这些一样的规则制定当然有基于成本利润的分析，但大家都拥有且做一样的服务就失去了创造差异化的意义，就只能是行业准则而已！当然，为了差别而实行无原则的服务不仅侵蚀利润，还会让行业陷入恶性竞争。望着窗外的车流，经理有了主意，于是他快步向前跟大爷商量：可以免费派人送到车站，而且支付车票（也就一两元钱）。

当店里的小伙子提着大爷的两大袋物品，大爷轻松拎着两个电烤炉到车站后，小伙子帮大爷放置好物品并买好车票，大爷很高兴，也很感动。

没过几天，大爷就又领着新婚儿子来买冰箱了，而商场也首次推出了"三公里内免费送货上门，三公里外送上车并买车票"这一与其他商场不一样的人性化服务规则。

　　企业必须将自身视为一个有机、鲜活的生命体，而不是冷冰冰的规章制度的组合。在销售中要注入情感和柔性，特别是在对待客户时，切实做到想客户所想、急客户所急，实施人性化的服务制度，才能让客户感动、让客户在右脑的感知下做出购买决策。

　　案例中，行业规定三公里以内免费送货上门，想买电烤炉的大爷因为家在 5 千米左右而不符合店里的规定，但是大爷已经在超市买了两大袋物品，又无法将电烤炉带回家，面对这种情况，店员不能违反店里的规定、增加成本，于是大爷失望地说了一句："为什么每个店都一样？"这句话让经理听见了，于是引起了他的思考，最后想出了一个两全其美的办法：免费派人把电烤炉送到车站，而且支付车票（遇到问题主动思考，这是一种优秀的左脑理性思维习惯）。结果大爷深受感动，后来又带儿子来买了冰箱。这是商家的人性化服务作用于客户右脑的结果，进而培养了客户对企业的忠诚度。

附录　测试：了解你的左右脑水平

孙路弘先生在《用脑拿订单——销售中的全脑博弈》一书中有一个专门针对销售员的左右脑水平测试，在此，我们推荐给大家。通过这个测试，可以了解你的左右脑水平及使用情况，以便于你为自己制订适合的左右脑提升计划，提升销售业绩。

以下是对销售员的全脑水平分布的测试。请先拿笔记下你选的 A、B、C 项各有几个，再算出分数。

1. 在看一个产品的说明书时，你会首先：（　　）

A. 请一个内行讲解一下

B. 按照说明书的指示，在产品上多次尝试来了解产品

C. 不用对着产品，看说明书就可以了解了

2. 在给客户组装产品时，周围有环境音乐，此时另外一个客户来电话，你会：（　　）

A. 三件事同时进行

B. 将环境音乐的音量调低，但仍然可以接电话，而且同时组装

C. 告诉电话上的客户，很快就回电话

3. 客户来访问你的办公室，来电话问你怎么走，你会：（　　）

A. 画一张标示清楚的地图给他，或者由另外一个熟悉的人替你向客户说明怎么走

B. 先问他熟悉什么著名的标志，然后指示他该怎么走

C. 直接解释并指示他怎么走

4. 解释要销售的产品或一个重要概念时，你很可能会怎么做？（　　）

A. 会利用笔、纸以及手势等强化你的解释

B. 口头解释以及手势配合

C. 通过口头就可以解释清楚了

5. 听了一个清楚的产品讲解以后，你通常会：（　　）

A. 在脑海中回想讲解的过程和细节

B. 将过程以及具体的细节说给别人

C. 通过引用讲解人的话来强化你的理解

6. 在培训教室中，如果随意挑选座位，你喜欢坐在：（　　）

A. 教室的右边

B. 无所谓，哪里都可以

C. 教室的左边

7. 你的朋友在使用一个你熟悉的产品时，出了一些问题，你会：（　　）

A. 表示同情，而且讨论使用这个产品的感觉

B. 介绍一个信得过的人协助修理

C. 亲自动手，试图修好

8. 对于一个电器产品，有人问你用多少伏电压时，你会：（　　）

A. 直接说你不知道

B. 思考一下，讲出你的判断

C. 迅速指出肯定的答案，而且明确说出你的思考过程

9. 你找到一个停车位，但空间很小，必须倒车才能停进去，你会：（　　）

A. 宁愿找另一个车位

B. 试图小心地停进去

C. 很顺利地倒车停进去

10. 你在看电视时电话响了，这时你会:（　　）

A. 接电话，电视开着

B. 把音量调低后才接电话

C. 关掉电视，叫其他人安静后才接电话

11. 你听到一首新歌，是你喜欢的歌手唱的，通常你会:（　　）

A. 听完后，你可以毫无困难地跟着唱

B. 如果是首很简单的歌，听过后你可以跟着哼唱一小段

C. 很难记得歌曲的旋律，但是你可以回想起部分歌词

12. 你对事情的结局如何会有强烈的预感，是借着:（　　）

A. 直觉

B. 可靠的信息和大胆的假设，才做出判断

C. 事实统计数字和资料

13. 你忘了把钥匙放在哪里，你会:（　　）

A. 先做别的事情，等到自然想起为止

B. 做别的事情，但同时试着回想你把钥匙放在哪里

C. 在心里回想刚刚做了哪些事，借此想起放在何处

14. 你在饭店里，听到远处传来警报，你会:（　　）

A. 指出声音来源

B. 如果你够专心，可以指出声音来源

C. 没办法知道声音来源

15. 你参加一个社交宴会，有人向你介绍七八位新朋友，隔天你:（　　）

A. 可以轻易想起他们的长相

B. 只能记得其中几个的长相

C. 比较可能记住他们的名字

16. 你的朋友希望购买一台颜色鲜亮的电脑，而你希望他买颜色深的，你将如何说服他呢？（　　）

A. 和颜悦色地说出你的感觉

B. 让他这次接受你的看法，下一次听他的

C. 讲明深色的好处，通过事实来说服他

17. 在上门拜访一个客户之前，你通常会：（　　）

A. 将计划的事项写在纸上，该做什么一目了然

B. 思考一下拜访时要说的、做的就可以了

C. 在心里想一下会见到哪些人，会在什么地方，以及是否需要投影仪等

18. 你的关系融洽的客户，与你商量非业务的事情，你会：（　　）

A. 表示同情，理解他的处境，而且给予附和

B. 出谋划策，试图找到恰当的办法来解决

C. 直接指明具体的解决方法和途径

19. 两个已婚的朋友有了外遇，你会如何发现？（　　）

A. 会很早就察觉

B. 经过一段时间后才察觉

C. 根本不会察觉

20. 你的生活态度如何？（　　）

A. 交很多朋友，和周围的人和谐相处

B. 友善地对待他人，但保持个人隐私

C. 完成某个伟大目标，赢得别人的尊敬、名望及获得晋升

21. 如果有选择，你喜欢什么样的工作？（　　）

A. 和可以相处的人一起工作

B. 有其他同事，但也保有自己的空间

C. 独自工作

22. 你喜欢读的书是：（　　）

A. 小说，其他文学作品

B. 报纸杂志

C. 非文学类，传记

23. 购物时你倾向：（　　）

A. 常常是一时冲动，尤其是特殊物品

B. 有个粗略的计划，可是心血来潮时也会买

C. 看标签，比较价钱

24. 睡觉、起床、吃饭，你比较喜欢怎么做？（　　）

A. 随心所欲

B. 依据一定的计划，但弹性很大

C. 每天几乎有固定的时间

25. 你开始一个新的工作，认识许多新的同事，其中一个打电话到家里找你，你会：（　　）

A. 轻易地辨认出他的声音

B. 谈了一会儿话后，才知道他是谁

C. 无法从声音辨认他到底是谁

26. 和别人有争论时，什么事会令你很生气？（　　）

A. 沉默或是没有反应

B. 他们不了解你的观点

C. 追根究底问问题，或是提出质疑，或是评论

27. 你对销售培训中严格的产品描述训练的感觉是:( )

A. 觉得描述产品很简单

B. 觉得描述产品很简单,但是让客户明白不容易

C. 觉得两项都掌握得很好,不需要额外训练

28. 碰到固定的舞步或是爵士舞时,你会:( )

A. 听到音乐就会想起学过的舞步

B. 只能跳一点点,大多想不起来

C. 抓不准时间和旋律

29. 你擅长分辨动物的声音,而且模仿动物的声音吗?( )

A. 不太擅长

B. 还可以

C. 很棒

30. 一天结束后,你喜欢:( )

A. 和朋友或家人谈谈你这一天过得如何

B. 听别人谈他这一天过得如何

C. 看报纸电视,不会聊天

计分方法:选择 A,+15 分;选择 B,+5 分;选择 C,-5 分。

测试结果:

总分在 0 ~ 180 的具备左脑思考能力,总分在 150 ~ 300 的具备右脑思考能力。通过全脑销售博弈的完整训练,总分应该集中在 130 ~ 210,能在给出明确的面对客户的特定情景下,准确引用恰当的博弈方向和全脑倾向。即通过灵活性测试后,能够提高销售效率。